FAMÍLIAS
em SEGUNDA UNIÃO

Dados Internacionais de Catalogação na Publicação (CIP)
(Câmara Brasileira do Livro, SP, Brasil)

Porreca, Wladimir
Famílias em segunda união : questões pastorais / Wladimir Porreca. --
4. rev. e atual. ed. -- São Paulo : Paulinas, 2018. -- (Coleção pastoral da família)

ISBN 978-85-356-4416-6

1. Casais em segunda união 2. Igreja - Trabalho com casais em
segunda união 3. Segunda união - Aspectos religiosos - Igreja Católica
I. Título. II. Série.

18-16520   CDD-261.83584

Índice para catálogo sistemático:

1. Casais em segunda união : Trabalho pastoral : Teologia social : Cristianismo 261.83584
2. Pastoral de casais em segunda união : Teologia social : Cristianismo 261.83584

Iolanda Rodrigues Biode - Bibliotecária - CRB-8/10014

Direção-geral: *Flávia Reginatto*
Editora responsável: *Andréia Schweitzer*
Coordenação de revisão: *Marina Mendonça*
Copidesque: *Mônica Elaine G. S. da Costa*
Revisão: *Sandra Sinzato*
Gerente de produção: *Felício Calegaro Neto*
Projeto gráfico: *Manuel Rebelato Miramontes*
Capa e diagramação: *Tiago Filu*
Imagem: *Fotolia – @ czarny_bez*

4ª edição revista e atualizada – 2018

Nenhuma parte desta obra poderá ser reproduzida ou transmitida
por qualquer forma e/ou quaisquer meios (eletrônico ou mecânico,
incluindo fotocópia e gravação) ou arquivada em qualquer sistema ou
banco de dados sem permissão escrita da Editora. Direitos reservados.

Paulinas

Rua Dona Inácia Uchoa, 62
04110-020 – São Paulo – SP (Brasil)
Tel.: (11) 2125-3500
http://www.paulinas.com.br – editora@paulinas.com.br
Telemarketing e SAC: 0800-7010081

© Pia Sociedade Filhas de São Paulo – São Paulo, 2010

Wladimir Porreca

FAMÍLIAS
em SEGUNDA UNIÃO

Questões pastorais

Sumário

Apresentação... 7
Dom Dadeus Grings
Prefácio 11
Dom João Carlos Petrini
Preâmbulo 17
Dom Antonio Emídio Vilar, sdb
Iniciando nossa conversa.. 19
1 – Panorama histórico da família... 27

   1.1 A família primitiva.. 28

   1.2 A família no período civilizatório 33

   1.3 A família no período medieval.. 36

   1.4 A família no período da Modernidade e da Industrialização............ 37

   1.5 A família contemporânea 39

2 – A história da família brasileira do período colonial até
a contemporaneidade.. 43

   2.1 A família a partir do período colonial................................. 43

   2.2 A família brasileira a partir da década de 1960.................... 48

3 – Abordagens contemporâneas sobre a família.................... 61

   3.1 Abordagem institucional.. 62

   3.2 Abordagem estrutural/funcionalista 63

   3.3 Abordagem das trocas... 64

   3.4 Abordagem interacionista.. 65

   3.5 Abordagem marxista 67

3.6 Abordagem da teoria crítica 67

3.7 Abordagem hermenêutico-fenomenológica 68

3.8 Abordagem do desenvolvimento 69

3.9 Abordagem feminista 70

3.10 Abordagem relacional de Donati 71

4 – A ditadura do individualismo e do relativismo afeta
diretamente a estrutura e a dinâmica familiar 75

4.1 O individualismo 76

4.2 O relativismo e a pluralização 85

5 – As diversas e "novas" formas de família 91

5.1 Famílias em segunda união (famílias recompostas) 96

5.2 Casais em segunda união e os filhos 101

6 – A Igreja Católica e a família 107

6.1 A família: instituição natural 109

6.2 Família: unidade e indissolubilidade 110

7 – Percurso histórico-documental da Igreja no Brasil
sobre a segunda união 117

8 – Pastoral Familiar: casais católicos em segunda união no Brasil 135

8.1 Casais católicos em segunda união: absolvição sacramental
e comunhão eucarística 141

8.2 O fiel em segunda união e o sacramento da Unção dos Enfermos 159

9 – Questões pastorais 163

9.1 A participação dos casais em segunda união
nas atividades paroquiais 164

9.2 Casais católicos em segunda união e a Pastoral Familiar 169

9.3 O Batismo dos filhos de pais em segunda união 173

9.4 O casal católico em segunda união e o encargo de padrinho
e madrinha de Batismo e Crisma 176

9.5 O casal católico em segunda união e a função de testemunhas
matrimoniais (padrinho e madrinha do Matrimônio) 184

9.6 Princípio da Epiqueia 185

Terminando nossa conversa 189

Referências bibliográficas 195

Apresentação

Pe. Wladimir Porreca não é só um estudioso da família, mas também uma pessoa profundamente interessada na Pastoral Familiar, especialmente no que se refere aos casais em segunda união. Seu estudo já vem de longe. Toca numa chaga pastoral que deixa angustiadas muitas pessoas e enfrenta crises capazes de sacudir a própria estrutura da família.

Desse empenho brota a publicação que estamos prefaciando. Oferece primeiro uma panorâmica da família, ao longo dos tempos, e, depois, se detém na problemática dos casais em segunda união.

Sabemos que o ser humano não é apenas indivíduo, ou seja, o indivíduo humano constitui uma abstração. Não corresponde à realidade. Desconhece seus relacionamentos e suas circunstâncias. Na verdade, o ser humano é família; atingir um de seus membros significa afetá-la toda. Costuma ser mais dolorosa a perda de um membro da família que a amputação de uma parte do próprio corpo. Viver, na realidade, é conviver, o que equivale a dizer que quem não convive também não vive humanamente.

Olhando o conspecto histórico, dir-se-ia ser difícil definir o que seja família. Pergunta-se, por isso, mais especificamente, não o que os homens dizem ou pensam ser famílias, mas o que Deus nos revelou a seu respeito. Podemos partir, com o Pe. Wladimir, do modelo da Sagrada Família – José, Maria e Jesus – e ampliá-lo para o seu parentesco, de modo a, semiticamente, se falar dos irmãos e irmãs de Jesus, a fim de designar todo o envolvimento familiar: o casal que se transforma em pai e mãe, os filhos e, consequentemente, irmãos e os demais parentes, de linha reta e colateral. Em síntese, família é relação de amor: amor conjugal, amor paterno/materno para com os filhos; amor filial para com os pais e amor fraterno entre os irmãos, para classificar a múltipla e complexa relação familiar. Falamos, em consequência, de um tríplice parentesco: de consanguinidade, quando envolve DNA; afinidade, que resulta do casamento, entre os parentes de um lado com os do outro; e de espiritualidade, produzido pelos sacramentos, através do apadrinhamento. O primeiro é, sem dúvida, indissolúvel, porque se baseia no sangue. O segundo sofre os revezes da instabilidade dos laços matrimoniais. O terceiro se prende à firmeza da fé.

A revelação divina nos certifica da indissolubilidade do matrimônio. Liga-a ao sacramento e, por isso, a torna símbolo da união indefectível entre Cristo e a Igreja. O casal cristão, ao contrair matrimônio, recebe uma graça especial que se configura por esse amor indissolúvel. Visibiliza, assim, o amor que Cristo tem pela Igreja e vice-versa.

A Igreja assumiu a realidade terrena do matrimônio em tal profundidade, que a tornou critério da vivência cristã de seus membros. Não admite, em seu seio, uma união conjugal que não se conforme a esse ditame. Considera toda tentativa de outro modelo de família uma negação da identidade cristã.

De outro lado, porém, a mesma Igreja tem consciência, profundamente expressa pelo Concílio Vaticano II, de ser, ao mesmo tempo, santa e pecadora. Compõe-se de membros pecadores, que necessitam continuamente da misericórdia divina. Passa, por isso, para a vanguarda as parábolas do pai misericordioso, do bom pastor, do perdão até setenta vezes sete. Não é, pois, de estranhar que acolha, com especial carinho e cura pastoral, os casais em segunda união. Sabe que enfrentam problemas. Inclina-se sobre eles como bom samaritano, para colocar lenitivo sobre suas feridas.

Pe. Wladimir leva e ajuda com este livro a refletir sobre esse angustiante problema. Com o Santo Papa João Paulo II, exorta todos a acolherem bem esses casais. E na esteira do Papa Emérito Bento XVI, devemos investir na família, que ele declarou patrimônio da humanidade.

Dom Dadeus Grings
Arcebispo de Porto Alegre

Prefácio

O livro *Famílias em segunda união*, de Wladimir Porreca, é o estudo mais completo sobre a família que eu já vi; por isso, importantíssimo para compreender a complexa realidade da família, muito valorizada na nossa sociedade e na nossa cultura e, ao mesmo tempo, intensamente hostilizada e agredida.

Padre Wladimir Porreca oferece um documentado panorama da formação da família na história da civilização e no Brasil, desde o período da colonização até hoje. Em seguida, descreve suas diversas abordagens teóricas. Quase todas exaltam apenas um aspecto, geralmente ignorando a totalidade dos fatores que convergem na constituição dessa realidade.

Ele também reserva um espaço privilegiado à abordagem relacional de Donati, que constitui a maior novidade e é uma das mais adequadas. E, depois de analisar o individualismo e o relativismo como as marcas da cultura contemporânea, o autor apresenta as novas formas de família, dedicando mais atenção àquelas recompostas ou de segunda união.

A família representa o ideal mais desejado por toda pessoa, como caminho de realização humana, como possibilidade de vencer a solidão e encontrar satisfação e utilidade pela edificação da comunidade familiar, reconhecida universalmente como horizonte onde se pode desenvolver uma existência digna e positiva. Mas, ao mesmo tempo, essa terra tão desejada aparece como inalcançável e, provavelmente por isso, a família é detestada e agredida, como se ela não cumprisse a promessa de bem e de paz, de amor gratuito e de acolhimento compassivo da qual é portadora.

Essa condição que faz da família uma terra tão desejada quanto difícil de alcançar descreve a condição humana nos seus aspectos dramáticos: ao ser humano foi dado um desejo infinito de amar e de ser amado, de encontrar beleza e significado, de mover-se por ideais nobres e grandes, mas sua capacidade é limitada, e mesmo as melhores intenções se desvirtuam pelo caminho, chegando muitas vezes ao contrário do que se tinha almejado. Há uma estrutural desproporção entre o desejo infinito do coração e a possibilidade que nós, homens e mulheres, temos de responder a esse desejo.

Por isso, necessitamos de um Salvador, de alguém que vença essa impotência radical, que supere os sinais de morte que se abrigam em nosso coração, que nos domine com sua graça, que nos envolva com sua potência divina a qual vence a morte. Aí sim pode tornar-se plenamente humano o caminho terreno do trabalho, do afeto, do amor entre um homem e uma mulher que constituem família pela graça do matrimônio. Não será um caminho isento de problemas e desafios; no entanto, podendo contar com a presença de Jesus Cristo morto e ressuscitado, cada circunstância poderá ser acolhida e vivida como espaço de comunhão e realização mais intensas.

Mas a cultura atual foge do drama e faz de tudo para negar a impotência estrutural que caracteriza a experiência humana, cultivando a ilusão de que o poder científico e técnico é capaz de salvar homens e mulheres sem recorrer a Deus, sem necessidade da graça, sem depender do Mistério.

Como a força da realidade é maior do que qualquer pretensão sonhada, os experimentos de "formas novas" de vida não conseguem encobrir a desilusão que se expande até o niilismo e a depressão que se torna uma epidemia. A violência física, muitas vezes, é a última expressão da desesperança.

Padre Wladimir Porreca apresenta o percurso sócio-histórico feito pela família e suas tentativas atuais, abandonadas ao mais radical subjetivismo e relativismo, já que nenhum valor normativo nem ideal é reconhecido às propostas antigas ou novas que aparecem no horizonte. As tentativas são muitas e sempre mais ousadas, mas devem ignorar aspectos importantes da realidade, inclusive as doses elevadas de sofrimento que às vezes provocam em outras pessoas para garantir fragmentos de satisfação.

O Papa Emérito Bento XVI, falando aos bispos do Brasil, dos Regionais 1 e 4, em visita *ad limina apostolorum*, preocupado com essa situação, afirma:

> Enquanto a Igreja compara a família com a vida da Santíssima Trindade – primeira unidade de vida na pluralidade das pessoas – e não se cansa de ensinar que a família tem o seu fundamento no matrimônio e no plano de Deus, a consciência difusa no mundo secularizado vive na incerteza mais profunda a tal respeito, especialmente desde que as sociedades ocidentais legalizaram o divórcio. O único fundamento reconhecido parece ser o sentimento ou a subjetividade individual que se exprime na vontade de conviver. Nesta situação, diminui o número de matrimônios, porque ninguém compromete a vida sobre uma premissa tão frágil e inconstante, crescem as uniões de fato e aumentam os divórcios. Sobre esta fragilidade consuma-se o drama de tantas crianças privadas de apoio dos pais, vítimas do mal-estar e do abandono, e expande-se a desordem social.

E aos bispos da Hungria, recebidos em Roma por ocasião da visita *ad limina apostolorum*, em maio de 2008, o Papa Emérito Bento dizia:

> A primeira realidade que, infelizmente, paga o preço da difusa secularização é a família. [...] Estão em questão a fidelidade

conjugal e, de maneira mais ampla, os valores sobre os quais se funda a sociedade. É evidente, portanto, que depois da família, os jovens são os que sofrem as consequências dessas dificuldades.

Na primeira parte do livro, o autor analisa, com atitude de pesquisador das ciências humanas, essa realidade da família na sociedade atual. O leitor atento pode encontrar interpretações e argumentos elaborados por autores de todas as partes do mundo que ajudam a compreender o complexo processo desta realidade que estamos vivendo.

A segunda parte é dedicada às famílias de segunda união, abordando aspectos sociológicos e psicológicos; porém, a maior parte do estudo é dedicada aos aspectos teológicos e pastorais, com cuidadosa fidelidade ao Magistério pontifício. Seu objetivo é contribuir com a Pastoral Familiar do Brasil, que, atendendo ao pedido do Santo Papa João Paulo II na *Familiaris Consortio*, convoca as famílias de segunda união para renovar sua pertença a Cristo e à Igreja e a educar seus filhos na fé católica, compreendendo e aceitando as restrições quanto à participação da comunhão eucarística e dos outros sacramentos.

Estão multiplicando-se, em todo o Brasil, grupos de casais de segunda união que recuperam a alegria de sentir-se acolhidos pela Igreja e de serem convidados a construir novas famílias de maneira mais satisfatória do que puderam fazê-lo na primeira vez. Eles reaprendem, muitas vezes, a ter a luz de Cristo e do seu Evangelho e a sabedoria da Igreja como pontos de referência para construir dia a dia as relações conjugais na harmonia e na paz e para viver do melhor modo possível a paternidade e a maternidade, educando os seus filhos no amor a Cristo e à Igreja.

Não se trata de caminhos simples, porque, de um lado, esses casais, muitas vezes sem responsabilidade pelo fim do primeiro casamento, estão subjetivamente abertos à graça de Deus e desejosos de reativar vínculos de fé, de caridade e de esperança.

De outro lado, suas circunstâncias de vida configuram uma objetiva contradição com a doutrina da Igreja. Por isso, eles são acolhidos na Igreja e convidados a reconhecer a infinita bondade de Deus que continua a ser também para eles Pai amoroso e misericordioso. Mas o fato de ter quebrado os compromissos da indissolubilidade do matrimônio e da fidelidade ao cônjuge até que a morte os separe constituem empecilhos objetivos para que tenham acesso aos sacramentos e, particularmente, à Eucaristia. Eles são orientados a viver a proximidade com Jesus Cristo através da Comunhão espiritual.

Essa delicadeza pastoral solicitada pelo Santo Papa João Paulo II quer atender à grande quantidade de famílias "recompostas" e à formação religiosa dos filhos, para que possam ser, de novo, incorporados ao povo de Deus.

Padre Wladimir Porreca explica minuciosamente todas as questões implicadas nessa nova atenção pastoral; por isso, seu livro vem muito a propósito. Um longo caminho deve ser ainda percorrido e, cada passo, muito cuidadosamente avaliado e pensado à luz do Magistério, para que a Igreja, sempre Mãe e Mestra, possa oferecer aos casais de segunda união efetiva ajuda para que reencontrem paz e alegria em sua condição de vida.

Quero parabenizar o autor e agradecer pela valiosa contribuição ao caminho da Igreja no Brasil e, de modo especial, da Pastoral Familiar, e felicitar os leitores que têm um grande amor à família e que chegaram a ler estas últimas páginas, depois de terem lido as anteriores.

Dom João Carlos Petrini
Bispo de Camaçari (BA) e membro da
Comissão Episcopal da CNBB para Vida e Família

Preâmbulo

A realidade das famílias em segunda união, hoje enriquecida pelo olhar do Papa Francisco na Exortação Apostólica *Amoris Laetitia*, é abordada pelo Padre Wladimir Porreca, do nosso presbitério da Diocese de São João da Boa Vista – SP. Partindo de um olhar histórico e evangelizador das famílias, o Padre Wladimir escreve com propriedade e aprofundamento epistemológico e metodológico.

Esta 4ª edição revisada do seu livro trata da história, conceitos, abordagens, reflexões sobre a Família, a partir da sua beleza no projeto de Deus e faz um entrelaçamento eclesiológico e pastoral, com o apoio da *Amoris Laetitia*.

Este livro foi, é e será um valioso instrumento pastoral e acadêmico para orientar e iluminar muitas famílias cristãs no Brasil e no exterior. Ele vai auxiliar os agentes de pastorais e os líderes religiosos católicos a encontrarem diferentes caminhos para acolherem, discernirem e integrarem as diversas formas de famílias na vida eclesial cristã/católica.

Bendigo a Deus pela vida e pelos estudos do nosso querido Padre Wladimir e faço votos que seus estudos e publicações continuem auxiliando as famílias a serem mais parecidas com a Família de Nazaré.

Assim, a família, célula da Igreja e da sociedade, contribua para a sua harmonia e estabilidade, tão necessárias para os nossos dias.

Dom Antonio Emídio Vilar, sdb
Diocese de São João da Boa Vista

Iniciando nossa conversa

*Da família depende o destino do homem,
a sua felicidade e a capacidade de dar sentido à sua existência...
O futuro da humanidade está
estreitamente ligado ao da família.*

João Paulo II

Nos últimos anos, o número de casais em segunda união tem aumentado sensivelmente no mundo todo, e a Igreja instituída por Jesus, o Bom Pastor, para conduzir a pessoa humana e, sobretudo, os que dela nasceram pelas águas do Batismo, procura com incansável zelo materno oferecer-lhes os meios de salvação.

Como batizados, os casais católicos em segunda união[1] são acolhidos, a ponto de, quando a Igreja, como Mãe, se dirige a eles, chamá-los de "fiéis casais divorciados que voltaram a se casar"; assim, são reconhecidos naquilo que é próprio de todo batizado: ser um fiel. E por essa graça batismal recebem da Igreja Mestra as orientações e os meios necessários para que possam viver com dignidade a vocação cristã que abraçam.

A Igreja vai ao encontro dos fiéis casais e os conduz como suas ovelhas, através dos princípios da misericórdia e da verdade

---

[1] "Casais católicos em segunda união", terminologia mais comum no Brasil, e "casais divorciados que voltaram a se casar", mais utilizada nos documentos pontifícios. Ambas falam da mesma realidade.

(cf. Sl 85,11): misericórdia porque, impulsionada pelo espírito do Bom Pastor, tem a missão católica de acolher, apoiar e "estender as mãos solidárias e o coração aberto" a todos os que se encontram em alguma situação de irregularidade, como ovelha ferida; verdade, porque os fiéis casais que voltaram a se casar (casais católicos em segunda união) estão numa situação irregular por terem sido infiéis ao seu matrimônio, a Deus e à Igreja, quando se uniram conjugalmente a outra pessoa, com o seu matrimônio precedente válido, contradizendo a lei divina (natural) da unidade e indissolubilidade matrimonial.

A missão da Igreja com os casais católicos em segunda união ficou mais evidente quando o Papa João Paulo II, sensibilizado e preocupado com essa realidade, juntamente com o Sínodo (1980), exortou na *Familiaris Consortio* (FC):

> [...] vivamente os pastores e a inteira comunidade dos fiéis a ajudar aos fiéis divorciados que contraíram nova união, promovendo com caridade solícita que eles não se considerem separados da Igreja, podendo, e melhor, devendo, enquanto batizados, participar na sua vida. Sejam exortados a ouvir a Palavra de Deus, a frequentar o Sacrifício da Missa, a perseverar na oração, a incrementar as obras de caridade e as iniciativas da comunidade em favor da justiça, a educar os filhos na fé cristã, a cultivar o espírito e as obras de penitência para assim implorarem, dia a dia, a graça de Deus. Reze por eles a Igreja, encoraje-os, mostre-se mãe misericordiosa e sustente-os na fé e na esperança (n. 84).

Seguindo a solicitude e os desafios apresentados pela Exortação Apostólica *Familiaris Consortio*, no que se refere à família como um todo, e entusiasmado pelo grande e profundo apelo do nosso querido e saudoso João Paulo II, bem como para fornecer um subsídio para a Pastoral Familiar, que dedicou os anos de 2010 e 2011 à realidade dos casais católicos em segunda união, urgiu para mim a necessidade de pesquisar e aprofundar mais a situação dos casais católicos em segunda união.

Na minha experiência de pároco em Santa Cruz das Palmeiras (SP), de educador, psicólogo e pesquisador na área "família", deparei-me muitas vezes com situações dolorosas de muitos casais em segunda união que se sentiam excluídos pela postura da Igreja Católica, e desenvolviam uma autoimagem de "casais de segunda categoria", o que influenciava o meio em que viviam, principalmente em relação aos filhos, e até condicionava e limitava seus conceitos e vivências familiares e eclesiais, sem que houvesse uma atitude reflexiva e crítica diante dessa realidade.

O que mais preocupava e desafiava em minhas investigações e vivências era a diversidade de informações e orientações que esses casais recebiam, muitas vezes contraditórias em si mesmas.

Constatei que o ensinamento da Igreja em relação a eles, reproduzido pelo clero e por leigos, não é homogêneo. Existe uma acentuada falta de conhecimento sobre as normas eclesiais e pastorais. A desinformação pastoral de muitos padres e bispos sobre a situação dos casais em segunda união é aceita e vivida pelos leigos como verdades da Igreja. Todavia, na realidade, são interpretações equivocadas e pouco evangélicas, gerando um sofrimento desnecessário para esses casais ou, ao contrário, causando um laxismo e relativismo permissivo, induzindo os fiéis em erro e confusão acerca da doutrina da Igreja sobre a indissolubilidade do matrimônio.

Outra grande preocupação que me motivou a tratar deste assunto foi quando, acompanhando vários casais e outros paroquianos, verifiquei que, no momento em que se aborda a situação da indissolubilidade, ocorre nos católicos uma manifestação a favor ou contra esse princípio, e alguns nem sabem o significado da palavra. Interessante que, aqueles que são a favor da indissolubilidade, quando a situam no plano de sua realidade pessoal, mudam de postura e alegam algumas questões que legitimariam o segundo casamento na Igreja. Essa atitude indica oscilação entre preceitos católicos, que têm um caráter genérico e coletivo, e as aspirações e as experiências individuais dos sujeitos envolvidos.

A proposta deste livro é ser uma pequena contribuição/partilha dos meus estudos, pesquisas e prática pastoral sobre família, oferecendo aos membros da Igreja Católica e às pessoas de boa vontade um olhar misericordioso e verdadeiro por diversos ângulos e significados da realidade dos casais católicos em segunda união. A finalidade é procurar compreender essa forma de organização familiar e seu relacionamento com a Igreja, além de apontar pistas a questões abertas e especulativas, principalmente no campo da Pastoral Familiar. Não tenho a pretensão de que este livro seja a última palavra no assunto, mas, sim, de causar reflexão e, talvez, até estimular diálogos sobre a temática.

No primeiro capítulo, tive a preocupação de expor uma linha histórica da família para conhecer, entender, amar e vivenciar mais e melhor esse grande e precioso dom de sermos família, bem como de identificar as diversas situações que influenciaram diretamente sua estrutura e dinâmica, tanto do casal como dos membros da família até os dias de hoje.

No panorama histórico familiar, procurei, no segundo capítulo, destacar um rápido olhar sobre a família no Brasil, que, integrada no processo social, passa por transformações significativas. Verifica-se nesse breve percurso que a família brasileira, em meio às turbulências culturais e sociais que ameaçam a sobrevivência dos seus membros – em especial, a modernidade, o neoliberalismo e a globalização –, se empenha, sob novas formas, em reorganizar aspectos da sua realidade que o ambiente sociocultural vai alterando.

Para compreender o processo de reorganização e alteração que a família passou a partir de 1960, surgiram vários estudos sobre ela e, nas décadas seguintes, multiplicaram-se os autores e escolas sociológicas, dentro das diversas pesquisas e abordagens.

Destaco, neste estudo, no capítulo terceiro, algumas teorias sociológicas desenvolvidas sobre a família. São abordagens contemporâneas, elaboradas com base na concepção do sociólogo Pierpaolo Donati (2005), que influenciam expressivamente o modo de compreender e estudar a família hoje. Sem dúvida alguma, refletem e marcam a estrutura e dinâmica familiar contemporânea, e trazem consigo as marcas do seu pluralismo, individualismo e relativismo, com exceção da abordagem relacional.

O paradigma relacional de Donati procura compreender esses processos de mudanças como uma morfogênese social, por produzir um novo tipo familiar que geralmente é contraído com a expectativa de formar uma nova família, ao se ter um(a) companheiro(a) e um relacionamento estável.

Entre tantos motivos que colaboraram para as transformações familiares na sociedade contemporânea, ressalto, no quarto capítulo, o individualismo e o relativismo que geram a pluralização e a fragmentação da família, interferindo direta e indiretamente na sua estrutura e dinâmica. Entretanto, apesar da "ditadura" individualista e relativista, o ideário e a realidade nuclear de família permanecem.

As "novas" e diversas configurações que surgiram, em especial a partir de 1950/1960, devido às transformações que a família sofre diante da cultura e da sociedade, alterando sua estrutura e seu dinamismo, levaram-me a destacar no capítulo quinto, dentre outras, a segunda união, que é o foco central deste livro, procurando maior conhecimento no que diz respeito à problemática desses casais e seus filhos, examinando o modo como eles incorporam padrões alternativos nas relações domésticas e, ainda, quais as representações que evocam essa necessidade para desempenhar sua participação ativa na comunidade católica.

Diante da realidade da segunda união, principalmente nesta 4ª edição revisada, a orientação é acolher, discernir e integrar de acordo com a *Amoris Laetitia* (n. 8), tendo sempre presente o princípio da verdade da família, uma instituição natural, criada por Deus, constituída nas propriedades essenciais do matrimônio: unidade e indissolubilidade. Esse princípio de verdade está, de forma sintética, apresentado no capítulo sexto, como condição fundamental para entender o princípio da misericórdia utilizado pela Igreja na segunda união dos batizados.

A partir dos princípios da verdade e da misericórdia, procuro demonstrar, no capítulo sétimo, através de um cronograma histórico dos principais documentos e pronunciamentos da Igreja Católica relacionados à realidade dos fiéis divorciados que voltaram a se casar e da atuação da Pastoral Familiar, a preocupação e o zelo materno da Igreja Católica para com as famílias em segunda união.

Além do cuidado histórico da Igreja para com as famílias dos casais católicos em segunda união, procuro, no capítulo oitavo, apresentar, de forma sintética, os ensinamentos da doutrina católica no que se refere à família e às propriedades essenciais da unidade e indissolubilidade matrimoniais, fundamentando e argumentando o porquê das privações e possíveis caminhos de aberturas apresentados pela Exortação *Amoris Laetitia* no que se refere à comunhão eucarística e aos sacramentos da Reconciliação e do Matrimônio.

E, finalmente, no capítulo nono, proponho em linhas gerais orientar pastoralmente os casais católicos em segunda união, e quem convive com eles, sobre algumas questões pastorais da sua participação ativa na paróquia e na Pastoral Familiar.

Agradeço às Irmãs Paulinas a oportunidade de publicar meus estudos sobre família, em especial pelo incentivo e confiança que me depositaram durante o tempo de elaboração deste trabalho.

Expresso, nesta introdução, meu amor, carinho e ação de graças pela minha família de origem, na pessoa de minha mãe e irmãos, e trago presente, nestas linhas escritas, com muita estima e saudade, a memória do meu pai, Waldomiro Porreca.

Como ninguém escreve um livro sozinho, agradeço ao Pe. Celso Braz e a todos os membros da nossa querida e saudosa Paróquia Santa Cruz, em Santa Cruz das Palmeiras (SP), que entenderam minhas ausências durante o período de elaboração do livro.

Registro aqui meu muito obrigado a Dom Antonio Emídio Vilar, nosso bispo diocesano, por me incentivar nos estudos e pelo preâmbulo desta obra; a Dom Dadeus Grings, por me ajudar nos esclarecimentos de diversas dúvidas relativas ao Direito Canônico e por gentilmente ter escrito a apresentação deste livro; e a Dom José Carlos Petrini, que escreveu o prefácio desta obra.

À Pastoral Familiar, como um todo, meu muito obrigado! Por tê-la em minha história. Seus membros me motivaram a vivenciar cada vez mais aquilo que aprendi no berço da minha família de origem: a família como lugar de perdão e festa.

Por fim, meu sincero agradecimento à preciosa colaboração de Dona Neta, de Chiquinho Bueno e, principalmente, de todos os casais católicos em segunda união.

Espero que este livro seja instrumento de evangelização e um serviço oferecido à Igreja; que possa representar uma singela contribuição para todos os que vivem e convivem com a beleza da família e, nela, a realidade da segunda união conjugal, a fim de que, conhecendo mais, possam amar mais e, assim, ser verdadeiras testemunhas da alegria pascal em família.

CAPÍTULO 1

Panorama histórico da família

Entender de onde viemos e para onde vamos ajuda-nos a compreender e a viver mais intensamente o hoje da graça de Deus em nossa história. O hoje, que é um presente, se faz alicerçado nas raízes de um ontem e na perspectiva do amanhã.

Ninguém nasce do nada nem caminha para um nada; não somos frutos de um acaso, de um destino, ou de uma evolução em si. Somos continuadores de uma história que nasce de um Deus-amor e que tem o seu fim na plena realização do objetivo pelo qual fomos criados: sermos perfeitamente imagem e semelhança de Deus (cf. Gn 1,26).

Com a família não é diferente. A família que temos hoje é constituída de um passado e projetada para um futuro, na esperança de se aproximar cada vez mais daquilo para o qual foi instituída por Deus e chamada por João Paulo II na Carta às Famílias: "um Santuário da Vida" (n. 11).

Diversas são as teorias que procuram explicar a origem da família, trazendo informações essenciais à sua caracterização contemporânea. Algumas são de análises filosóficas e históricas, outras, das ciências sociais, e outras, ainda, da mitologia e da religião.

Nesse panorama histórico da sua origem, procuramos ter como base os eventos históricos que representam reconstruções baseadas nos vestígios do que aconteceu para identificá-los e poder depois coletá-los, organizá-los, analisá-los, interpretá-los e descrevê-los (MASSIMI, 2002), a partir de uma ótica histórico-sociológica.

Sob essa perspectiva, para que seja possível compreender e viver melhor a vida familiar contemporânea, faz-se necessário termos contato com as nossas raízes, investigar o nosso passado e resgatar a historicidade das suas formas de organização, buscando no percurso histórico as diversas situações que influenciaram diretamente a estrutura e a dinâmica tanto do casal como dos membros da família.

Durante o período da primeira industrialização, em particular com o processo da urbanização e o trabalho feminino, colocando em crise a estabilidade da instituição familiar, bem como sua forma tradicional e os modos de vida, emerge, sobretudo, a preocupação de analisar a família com um fundamento científico-acadêmico (cf. Johann Bachofen, Friedrich Engels, Henry Summer Maine, além de Lewis A. Morgan, Frédéric Le Play e outros, na metade de 1800), suscitando, assim, seu debate sociológico e antropológico.

Baseados nesses estudos científicos acadêmicos, faremos um panorama histórico da família, da primitiva até a contemporânea, procurando sinalizar sua estrutura e dinâmica em cada período e abordagem.

1.1 A família primitiva

Através de algumas descobertas arqueológicas (MURARO, 1997; BOTT, 1976; SMITH, 1973; SCHELSKY, 1968) se entendeu que as famílias primitivas, desde épocas remotas, tinham como característica ser comunidades primitivas coletivistas, tribais, igualitárias, em que cada um dos membros ordenava e estruturava suas atividades cotidianas e acontecimentos existenciais para a vida em comum.

Nelas não havia nenhuma restrição sexual entre os membros da tribo e eram praticamente descritas na estrutura de parentela que coincide com a tribo, em que seus componentes distinguiam os familiares mais próximos daqueles mais distantes (LÉVI-STRAUSS, 1969).

Outros autores, como Bachofen, Mac Lennan e Morgan, procuravam documentar a origem da família com as melhores fontes possíveis e fornecer descritivamente suas conquistas, procurando reconstruir os modos de vida e as organizações familiares do passado.

Com base nesses três autores, os quais assumiram posições ora antagônicas, ora correspondentes, em particular as de Morgan e as anotações de Karl Marx sobre ele, Friedrich Engels (1961) escreveu *A origem da família, da propriedade privada e do Estado* (1884), em que analisa mais propriamente a família conjugal.

Engels, que tinha como preocupação primeira saber que tipo familiar, nos tempos primitivos e remotos daquilo que chamava de "barbárie", teria precedido a família patriarcal do mundo ocidental cristão, marcado pela dominação do *pater familias* e pela propriedade, para demonstrar que a família patriarcal burguesa era uma instituição historicamente determinada, e nada mais.

Ele inicia a sua obra pelos estudos do jurista alemão Johann Jacob Bachofen, que foi um marco na compreensão da história da família primitiva até a monogâmica. Esse intelectual vitoriano propôs, no seu livro *O direito materno* [*jus maternum* ou lei da mãe (1861)], a negação da superioridade "natural" do homem sobre a mulher (FLORES; AMORIN, 2007).

Bachofen acreditava que o sexo e a vida familiar na pré-história aconteceram em completa promiscuidade, a partir dos casamentos coletivos nas comunidades caçadoras-coletoras. Esse tipo de relação excluía a possibilidade de estabelecer a paternidade, mas não a linhagem feminina; dessa forma, a mulher manteve o domínio absoluto sobre as tribos, podendo, com isso, levantar-se a hipótese de que a família inicia-se com o matriarcado, e que a passagem do matriarcado para a monogamia acontece quando uma lei religiosa passa a incidir sobre as tribos estabelecendo vários direitos e certo domínio sexual do homem sobre a mulher (ENGELS, 1995).

Esse autor foi o primeiro a descrever de forma sistemática o estágio primitivo da promiscuidade sexual e acreditar que a religião era o instrumento decisivo para a construção da história do mundo, a ponto de mudar alguns comportamentos na relação social entre homem e mulher, principalmente nas civilizações que se construíam sob o misticismo.

Segundo Engels (1995), em oposição às teorias de Bachofen, surge J. F. Mac Lennan (1827-1881), fundador da Escola Pré-histórica da Inglaterra, que apresenta em seus estudos (1865) com povos selvagens, bárbaros e civilizados diferentes formas de matrimônio, como, por exemplo, a do noivo que deveria raptar a noiva da casa dos pais, ou mesmo a da busca de cônjuges em tribos diferentes entre outras (exogamia).

Na ótica de Lennan, a exogamia era causada pelo costume entre os selvagens de matar as crianças recém-nascidas do sexo feminino, o que acarretaria um desequilíbrio e um excedente de homens na tribo, resultando na posse de apenas uma mulher para vários homens (poliandria). Ele afirma que entre as raças exógamas existiu de forma primitiva a poliandria, e o modo de parentesco era o vínculo de sangue do lado materno. Este autor ainda distingue as tribos exógamas das chamadas endógamas (consanguíneas), nas quais o matrimônio só era permitido entre pessoas da própria tribo.

Por seu turno, Engels destaca Lewis Henry Morgan (1818-1881), antropólogo, etnólogo, advogado e escritor norte-americano, que demonstra, a partir dos iroqueses, a fragilidade da teoria de seu predecessor, através do estudo dos sistemas de parentesco até então existentes, e sintetiza as etapas pré-civilizadas. Morgan estabelece conexões de sistemas de parentesco em escala global (*Systems of Consanguinity and Affinity of the Human Family*, 1871), e no seu estudo sobre a evolução das sociedades humanas parte dos sistemas de parentesco e reconstitui as formas de família que lhes correspondiam, distinguindo três estados de evolução da humanidade: a selvageria, a barbárie e a civilização.

Em cada etapa existiu um começo e um final, uma espécie característica de família onde foram desenvolvidos os caracteres próprios de cada uma das suas cinco espécies: a consanguínea, a punaluana, a sindiasmina, a patriarcal e a monogâmica.

A família consanguínea se entende no casamento entre irmãos e irmãs, carnais ou colaterais, no interior de seus grupos; essa se formou da família primitiva marcada pela promiscuidade sexual no meio das tribos. Podemos considerá-la a mais antiga, em que não existia a ideia de casamento. As relações sexuais não seriam regradas, nem obedeceriam a leis criadoras de proibições e restrições. O acasalamento aconteceria livremente, tal qual em muitas outras espécies do Reino Animal. Segundo Rouland (2003), há fortes indícios de que não se conheceriam as relações de parentesco posteriormente criadas, as quais teriam se originado no paleolítico.

Esse tipo de família consanguínea deixou de existir há muitos milênios, como exigência da própria natureza biológica. As famílias começam a diferenciar seus filhos uterinos, extinguindo o matrimônio entre irmãos, e a estabelecer o sistema de parentesco; é o tipo chamado de *família punaluana*.

O termo *punaluana* é havaiano, utilizado em uma carta enviada (1944) pelo juiz Lorin Andrews, de Honolulu, a Morgan, em que o magistrado sintetiza bem em que consistiria tal termo: pensando como um homem havaiano, todas as irmãs da minha esposa seriam minhas esposas, assim como seriam esposas do marido de uma irmã da minha esposa. Dividiríamos, então, o que hoje chamamos de meu concunhado e eu, as mesmas mulheres. Nós nos trataríamos, então, por *punalua* (CABRAL, 2008).

Por serem nascidos da mesma mãe, estariam impedidos de procriar entre si; é a proibição do incesto, oriunda do sistema totêmico, bastante comum entre os povos primitivos e objeto de estudo de pesquisadores, como Claude Lévi-Strauss, James George Frazer e Sigmund Freud.

Dessa forma, encontra-se no totemismo a origem da proibição de casamentos entre irmãos e irmãs e a coabitação entre mãe e filho, por serem do mesmo totem; mas era permitida a coabitação entre pai e filha, pois nessa espécie de família predominava a matrilinearidade; assim, o pai e a filha não pertenciam ao mesmo totem. A existência dessa proibição é observada desde alguns dos primitivos povos até em nossa sociedade atual.

Dessa família chamada punaluana se formou a *família sindiásmica*, em que um homem que vivia com uma mulher podia praticar a poligamia e a infidelidade, como um direito masculino; porém, os vínculos eram frágeis e dissolviam-se com facilidade, e os filhos permaneciam sob os cuidados da mãe.

Com a família sindiásmica modificou-se a dinâmica familiar, pois os seus membros passam a habitar uma casa grande, comunal, mas em casais. É nesse período que homem e mulher começam a ter cumplicidade, ligados um ao outro, havendo também ligação entre os homens e os filhos de sua esposa, presumindo-se daí a proibição de um pai casar-se com sua filha (CABRAL, 2008).

Essa mudança diminui o direito materno e, paulatinamente, a direção da casa; a mulher passa a ser considerada mais uma reprodutora e escrava. Instaura-se a dominação masculina e se estabelece a *família patriarcal*.

O principal objetivo da monogamia era manter a superioridade do homem dentro da família e a procriação de filhos legítimos para serem seus herdeiros, concentrando cada vez mais as riquezas.

A grande diferença entre a espécie de família sindiasmiana e a patriarcal era que, na primeira, o homem vivia em poliginia, e a mulher, em poliandria; e na segunda, a mulher só podia coabitar com um homem para a certeza da origem do herdeiro do patrimônio familiar; já ele poderia coabitar com mais de uma mulher. O exemplo clássico de povo submetido a esse regime é o de Abraão, no livro do Gênesis, que vivia com a esposa, Sara, e com a escrava, Hagar, nascendo de cada uma um filho, respectivamente, Isaac e Ismael. O filho da união secundária, no entanto, foi expulso com a mãe, não lhe sobrando nada do que foi legado ao grande herdeiro, que seria o filho da esposa principal, logo chamado de *legítimo*.

Não se pode afirmar que todos os povos tenham passado pelo estágio da família patriarcal para chegarem à monogâmica. Mas a quase totalidade dos povos conhecidos se serviu das características do patriarcado para determinar a manutenção e problemas na divisão patrimonial.

Uma das grandes funções da *família monogâmica* foi a perpetuação patrimonial e, com a invenção da escrita, ficou mais fácil determinar o que era de cada um e o que se deixaria para cada herdeiro.

As condições de cada época propiciaram o aparecimento de espécies diferentes de famílias, que não se perpetuaram e foram sendo alteradas à proporção que mudavam as condições de vida do homem primitivo. Segundo Morgan, talvez se possa afirmar que o estabelecimento da monogamia e a "invenção" da escrita impulsionaram o homem em direção à civilização, em que predominam a classe e a propriedade.

1.2 A família no período civilizatório

No período civilizatório, nosso estudo destaca a história da família a partir da civilização grega e depois da romana, em que o termo *família* passou a significar um grupo social cujo chefe mantinha sob seu poder a mulher, os filhos e certo número de escravos, com direito de vida e de morte sobre todos eles.

Na civilização grega, a família é compreendida como um agregado natural que coincide com a casa (*oikia*), tendo uma dupla união: entre um homem e uma mulher (com os seus filhos) e entre patrão e escravo (domésticos, de *domus* = casa; ou *famili* de *famuli* = servos).

Na Grécia Antiga, aos homens cabiam as responsabilidades públicas e as suas principais atribuições eram a política, a produção agrícola, o comércio marítimo, a caça e o artesanato; isso fazia com que ficassem muito tempo longe de casa. As mulheres ficavam restritas ao ambiente doméstico (exceto no caso das espartanas), cuidando do lar e criando os filhos (MACHADO, 2008).

A família era a célula do povoado (ou genes ou tribo), o qual era regido pelo mais velho dos chefes de família. Por sua vez, muitos povoados, unindo-se em conjunto, formavam a cidade (*polis*).

Na Roma Antiga, o vocábulo latino *famulus* – que significa "escravo doméstico", e com a terminação *famil-ia*, plural, quer dizer "conjunto de escravos" – foi criado para designar um novo grupo social que surgiu entre as tribos latinas, ao serem introduzidas a agricultura e também a escravidão legalizada, sugerindo que nos primórdios se considerava família um conjunto de escravos servidores de uma mesma pessoa.

É no Direito romano clássico que a família tem um grande destaque, por ser tida como "natural", baseada no casamento e no vínculo de sangue. Trata-se de um agrupamento constituído apenas dos cônjuges e de seus filhos, caracterizado como a comunidade formada segundo a natureza para a vida de cada dia, como a esfera privada por excelência.

A diferença entre as civilizações grega e a romana é que, na primeira, a família é esfera privada e, na cultura romana, apresenta uma maior dimensão pública (da família, Cícero diz que é *seminarium rei publicae*). Em comum, é que ambas a concebem natural como agrupamento constituído apenas dos cônjuges, de seus filhos e escravos, que tem por base o casamento e as relações jurídicas dele resultantes, uma estrutura predominantemente patriarcal, em que um vasto leque de pessoas se encontrava sob a autoridade do mesmo chefe. A descendência é patrilinear (diferentemente de outras populações, por exemplo, itálicas, que tinham autoridade matriarcal e descendência matrilinear).

Em Roma, a forma familiar mais comum é a *agnática*, definida pela relação de comum descendência de um mesmo antecessor, na qual o pai (*pater familias*) é fonte das relações de parentesco; e a comunidade gentilícia (as antigas *gentes*),[1] mesmo que sobreviva por longo tempo na Idade Média, por exemplo, entre as populações celtas e germânicas, começa a enfraquecer-se com a decadência da Cidade/Estado grega, antes, e do Império Romano, depois. As famílias se fragmentam e se dispersam no território, e surgem novas formas de agrupamentos familiares do tipo comunitário, que representam um modo para reorganizar a sociedade na ausência de um Estado (ou poder político central) (DONATI, 2005).

Contudo, as famílias romana e grega se assemelham ao tipo de organização política cujo princípio básico era a autoridade, e esta abrangia todos quantos estivessem submetidos a tal tipo de organização. O *pater familias* era ao mesmo tempo pai, marido, chefe político, sacerdote e juiz, constituindo-se assim, a família como a unidade da sociedade antiga.

---

[1] *Gens*: conjunto de pessoas que, pela linha masculina, descendem de um antepassado comum. Os patrícios: homens livres agrupados em clãs familiares patriarcais; as gentes: cada uma das tribos primitivas, divididas em 10 cúrias; cada cúria em gentes, cada gente em certo número de famílias ou domus, cada família sob a proteção de um *pater familias.*

1.3 A família no período medieval

Nos tempos medievais, o que estava no centro da vida familiar era a linhagem, não o casamento. Na família feudal, a mulher era considerada como pertencente à linhagem do marido, e quando este morria ela era excluída da linhagem. A família era do tipo extensa ou abrangente, ou seja, incluía outros parentes, amigos e vassalos (OSÓRIO, 1997, 1996). As pessoas começaram a ligar-se por vínculos matrimoniais, formando novas famílias. Dessas novas famílias fazia também parte a descendência gerada, que, assim, tinha duas famílias: a paterna e a materna. Nesse sentido, a configuração de família da Idade Média está atrelada ao casamento monogâmico e heterossexual, ao modelo patriarcal e à propriedade privada.

A família camponesa, nessa conjuntura, se caracterizava pelo alto índice de natalidade, associado a uma acentuada mortalidade infantil. A vida na aldeia era integrada pelos laços de dependência, que regulavam a vida dos membros através dos costumes e da tradição. Apesar de viver em pequenas unidades nucleares, a família camponesa não tinha a cultura da domesticidade e a da privacidade.

Três elementos, segundo Donati (2005), são particularmente importantes e discriminantes para entender melhor a variabilidade das formas familiares na Idade Média:

1. se a família é urbana (neste caso, prevalecem as formas nucleares ou de agregação simples) ou rural (em que são mais frequentes as formas extensas ou múltiplas);

2. que lugar a família ocupa na estratificação social (famílias nobres ou senhoriais, dos estratos médios ou corporações urbanas, famílias camponesas proprietárias, meeiras, servis);

3. segundo a área geopolítico-cultural considerada: na Europa mediterrânea e oriental é mais difundido o fenômeno das grandes famílias, cuja força é diretamente proporcional à

fraqueza do Estado, enquanto nas outras áreas, particularmente no centro e norte da Europa, a família já se encontra mais nuclearizada e fraca, também porque o poder político (o Estado) já está mais organizado.

1.4 A família no período da Modernidade e da Industrialização

A partir de 1500, com a descoberta da América, a reforma protestante e as novas ciências, inaugura-se um novo tempo (ARENDT, 1997), que influencia e modifica diretamente a família, enfraquecendo a linhagem e a família abrangente. Posteriormente, com a primeira Revolução Industrial nas cidades, os "burgos" são emancipados do poder do Castelo, proporcionando o aparecimento de novas formas de famílias, que irão constituir a burguesia como classe dominante na sociedade moderna. Desse modo, surge o modelo da *família burguesa*.

A família burguesa rompe com o modelo vigente e suscita novos padrões de relações familiares, caracterizados pelo fechamento em si mesma, dissociando vida privada e pública, nova intensidade emocional e valor de privacidade (CASTEL, 1998).

Esse isolamento das redes comunitárias e de parentesco gerou a dependência da mulher ao marido, inclusive para seu sustento, e dependência das crianças à figura da mãe para suprir-lhes as necessidades materiais e de afeto. Na família burguesa a mãe era responsável pela educação dos filhos para que eles tivessem um lugar de respeito na sociedade, e os pais cuidavam do custeio dos estudos. Dessa forma, a esposa conseguia ficar mais tempo com as crianças, formando-se, assim, um laço afetivo entre eles e influenciando diretamente na construção da moral dentro das regras daquela sociedade. O papel social dos filhos prescrevia a submissão aos valores dos pais e, mais tarde, dos professores. Os padrões morais eram diferentes para homens, mulheres e crianças (NARVAZ; KOLLER, 2004; REICH, 1966, 1998; REIS, 1985).

No período inicial da Industrialização, no século XIX, sob a extrema miséria social e econômica, com origem na família camponesa, que migrou para áreas urbanas e passou a morar nos subúrbios das cidades, onde todos os membros da família eram obrigados a trabalhar, se formou a *família operária* ou chamada *proletária*. Na sua constituição, Reis (1985) identificou três diferentes estágios. O primeiro, com a Industrialização do século XIX, se caracteriza pela vida comunitária e pelo apoio mútuo entre seus membros; todos trabalhavam conjuntamente para o sustento da família nas fábricas, deixando os filhos nas ruas, sem dar muita atenção para as relações entre pais e filhos. Nesse contexto de precariedade e de opressão engendrados pelo capitalismo emergente, foi necessária a manutenção dos antigos laços comunitários de dependência e de apoio mútuo característicos das organizações feudais (CASTEL, 1998).

Num segundo momento, na metade do século XIX, há uma melhoria na profissionalização do operário e nas condições de vida da família proletária. Acontece a qualificação da classe operária, quando alguns burgueses começam a preocupar-se com a qualidade de vida de seus empregados. Passa a haver diferenciação entre os papéis sexuais: as mulheres ficam mais tempo em casa, cuidando do lar e dos filhos, e os homens, mais tempo trabalhando na fábrica. Com isso, resgata-se o estilo da família burguesa.

E num terceiro estágio, já no século XX, a família operária muda-se para o subúrbio, rompendo com os laços comunitários. Caracteriza-se pelo incremento da vida privada e mais preocupação com a educação e o futuro dos filhos. Simultaneamente, acentuam-se a autoridade paterna e o "aburguesamento" ideológico da classe operária conservadorista. Subtraída à servidão dos campos, pode sobreviver unicamente a partir do próprio trabalho, o qual depende, portanto, totalmente do mercado capitalista, mesmo culturalmente mantendo as características de sua ascendência rural.

Desenvolve-se um modelo totalmente inédito de família: a *proletária*, com tendência a suceder, sob condições de angústia social e econômica, uma forma familiar típica dos estratos técnicos e dos funcionários públicos. Assim passa a operar a divisão administrativa e contábil entre casa e empresa. A família fica confinada a uma esfera privatizada, isolada do parentesco mais amplo, e, puerocêntrica, começa a disputar no mercado como grupo aquisitivo de primeira acumulação capitalista, centrado sobre um estilo de vida orientado por padrões de consumo.

1.5 A família contemporânea

A família no ambiente pós-industrial não é mais protegida pelo Estado como instituição social, mas ligada ao mercado, sendo produtiva ou consumista; de um lado, assume novos valores, como a unidade de serviço primário de vida cotidiana; de outro, é chamada a organizar-se por si mesma para estimular os serviços e a intercambiar com um sistema societário que se faz cada dia mais diferenciado entre os atores públicos do Estado e do mercado.

A família, nesse período, tem uma marca de maior liberdade, pelo questionamento das tradições e pela flexibilidade em cumprir as regras e as normas. "A dinâmica moderna se caracteriza por uma negação constante e pela justaposição, pela crítica e pela idealização" (HELLER, 1999, p. 17). Essa dinâmica social permite a alternância das instituições sociais, opções de vida, novas formas de organização que possibilitam "a ventilação do edifício social moderno".

Infelizmente, esses valores foram introduzidos e orientados para uma prática mercantil, do lucro pelo lucro. Assim a família se torna um instrumento de manipulação capitalista, com a função de ser instância de reprodução da ideologia.

A partir da Segunda Guerra Mundial, novos e importantes fatos apareceram para produzir e acelerar o processo que Castells (1996) denomina "transformação estrutural nas sociedades avançadas", combinando três fatores importantes: das tecnologias de informação/comunicação, da globalização da economia e de um acelerado processo de mudanças culturais, que tem como principal agente a mudança de papéis das mulheres na família e na sociedade. Com o trabalho feminino e a igualdade de gêneros, modifica-se o arranjo familiar patriarcal (MARQUEZAN, 2006).

Os valores burgueses foram intensificados na família, porém algumas mudanças na sociedade modificam a situação da família contemporânea, como, por exemplo, a valorização da mulher no mercado de trabalho, a divisão das responsabilidades nas funções dos papéis sexuais e do casamento, a violência urbana, a união de homossexuais, os preconceitos, os movimentos políticos e ideológicos. Todas essas transformações começaram na família burguesa e criaram força para nortear a família contemporânea. A família, com o tempo, deixou de ser anucleada e passou a ser nucleada (ARIÉS, 1981).

Nesse processo de desconstrução/construção, novas formas de relacionamento social se constituem, aumentando a separação e o divórcio dos cônjuges, bem como o número de famílias monoparentais, segundas uniões e outras formas de família.

Diferentemente da sociedade clássica, que tinha como base simbólica a identidade, a família contemporânea se baseia no modelo orgânico, individualizando as estruturas como no mundo físico, sem a ideia de evolução contínua, que não depende da instituição. Cria-se um mundo novo, onde tudo é possível, em que a novidade sempre é o melhor e se convive com o paradoxo da cultura do diferente e o desejo igualitário.

A família se depara com profundas mudanças estruturais e dinâmicas, fruto de um contexto instável, de constantes e imprevisíveis alterações, as quais podem ser nitidamente observadas nas características distintas entre o privado e o público. Esse processo simultâneo torna paradoxal a vida familiar.

De um lado, valoriza-se o espaço privado da família em relação ao externo e ao mundo comum com um estilo subjetivo e individualista, promovendo tendências mais desvinculadas de deveres e sanções de caráter público e social, que consideram as relações internas, intersubjetivas e funcionais como emanação do próprio *self*. A vida familiar é vista como esfera de relações apenas expressivas e comunicativas, isenta de qualquer ligação com a sociedade, sem responsabilidade pública.

Paradoxalmente, a família torna-se também sujeito de interesses coletivos e de preocupação pública. Atribui-se a ela a responsabilidade de certos cuidados e tutela no convívio social, principalmente no que se refere aos filhos e aos anciãos, e evidencia nesses aspectos sua dimensão pública.

No processo de modernização ocidental, é tratada como lugar crescente de isolamento e subjetivação, impelindo-a para a vida privada, para depois se lhe atribuir um conjunto de responsabilidades e tarefas públicas ou, mesmo, coletivas, processo ambivalente que afeta diretamente as relações entre os sexos e entre as gerações, por causa das patologias psicológicas, sociais e culturais que essa dinâmica comporta.

Nunca se discutiu tanto a crise da família como nos últimos decênios, procurando compreender e estudar os fenômenos de transição de uma sociedade comunitária a uma sociedade contratual/sentimental.

Hoje se entende a crise familiar como sinal de enfraquecimento, como se fosse sua queda e o final de toda sua dinâmica, perdendo a relevância social. Porém, se for entendida como emergir de tensões nas relações conjugais e entre gerações, que leva a fenômenos de instabilidade (aumento de separações e divórcios) e reestruturação das redes familiares, então se pode dizer que a família está sujeita a um processo de crise de grandes transformações que a leva a reorganizar-se incessantemente (SCABINI, 1985).

Nesse contexto paradoxal da modernidade global e diferenciada, de Estado e mercado, ela procura passar de uma estrutura determinada, fixa, com seu princípio de identidade, para formas indeterminadas, progressivas e de identidades individualistas.

Diante disso, observa-se que os modos e mudanças na família variam em razão de diversos fatores, como: a produção, a estratificação social ou mesmo o poder político de uma subcultura. Esses fatores se apresentam como uma relação que, mediando os relacionamentos entre os indivíduos, faz sempre diferença e constitui a diversidade social.

Esse nosso panorama histórico evidencia que, integrada no processo social, a família passa por transformações significativas. Em meio às turbulências culturais e sociais, em especial a modernidade, o neoliberalismo e a globalização, ela se empenha em reorganizar aspectos da sua realidade que o ambiente sociocultural vai alterando. Reagindo aos condicionamentos externos e, ao mesmo tempo, adaptando-se a eles, encontra novas formas de estruturação que, de alguma maneira, a reconstituem.

CAPÍTULO 2

A história da família brasileira do período colonial até a contemporaneidade

No Brasil, a família tem suas origens no modelo dos colonizadores portugueses provenientes das zonas rurais e das camadas médias e baixas de Portugal, e, portanto, mais ligados ao conservadorismo cultural e às velhas estruturas patriarcais lusitanas (CÂNDIDO, 1951).

Embora a política e a economia de Portugal, no dizer de Costa (1999), fossem decisivas na organização da família colonial brasileira, as sociedades industrializadas parecem rejeitar a instituição matrimonial como realidade social monolítica. Ainda que não tirem o valor do casamento, questionam sua prescrição civil.

2.1 A família a partir do período colonial

Desde o período colonial, aproximadamente, dois elementos foram particularmente afetados e transformados: a casa e a intimidade. Observam-se as mudanças pelo funcionamento da família, desde o seu perfil arquitetônico na residência, até nas vestimentas, na disciplina doméstica e outras. O contato social e mesmo a intimidade transformaram-se para permitir um fluxo afetivo mais livre entre os próprios membros da família colonial à família contemporânea.

As matrizes conceituais sobre a família na sociedade brasileira podem ser encontradas em três autores, que publicaram suas obras entre os anos 1930 e 1950: Gilberto Freyre, Oliveira Vianna e Antonio Cândido. Eles partem do pressuposto de que a existência da família patriarcal rural e extensa, no século XIX e anteriores, se transforma em nuclear quando transplantada para um ambiente urbano e moderno, no século XX (TERUYA, 2000).

Gilberto Freyre é o grande teórico da família brasileira. Em sua memorável obra *Casa-grande & senzala*, de 1933, definiu a família patriarcal rural como célula *mater* da formação da sociedade brasileira: "agrária, escravocrata e híbrida". Nessa obra, ele destaca a importância da casa-grande na formação sociocultural brasileira, bem como a da senzala, que complementaria a primeira. Grande parte dos estudos sobre a família brasileira toma-o como um referencial, ora para criticá-lo, ora para ampliar sua pesquisa.

Outro autor clássico que estudou as transformações sofridas na família brasileira colonial e rural até o século XX foi Antonio Cândido (1951), na sua obra *The Brazilian Family*, um clássico sobre as mudanças da família patriarcal rural num ambiente moderno, caracterizado como urbano e industrial.

De acordo com Cândido, a família patriarcal brasileira era constituída de um núcleo central e outro periférico. O núcleo central, legalizado, era composto do casal (os "patrões") e seus filhos legítimos; já o núcleo periférico envolvia os agregados, negros, incluindo as "concubinas" e os seus filhos ilegítimos, geralmente fruto das relações sexuais com o "senhor". Apesar de se tratar de uma descrição referente à família colonial, o próprio Cândido demonstra que certos moldes resistiram e constituíram um tipo de organização social, em que a família (com suas marcas hierárquicas) possuía um papel de destaque no processo de socialização e integração (ÁVILA, 2004).

Na cultura brasileira, o pensamento social erigiu a família patriarcal, importado pela colonização e adaptado às condições sociais do Brasil de então, latifundiário e escravagista, como modelo da organização brasileira. Essa família era limitada à elite tradicional de algumas áreas do Brasil, notadamente o nordeste açucareiro.

A expressão "patriarcal" não denotava apenas autoridade do pai no grupo doméstico, comum a outros tipos de família, mas, sobretudo, uma estrutura de dominação política, fortemente fundada nos vínculos de parentesco, em que o público e o privado tendiam a se confundir. O patriarca era o detentor das posses, não apenas de seu latifúndio, mas de sua família, de seus agregados e escravos.

Com isso, a estrutura patriarcal brasileira dos séculos XVII e XVIII caracterizava-se, principalmente, pela existência de uma dupla estrutura: um núcleo central, pelo casamento religioso, composto pelo casal branco, proprietário de terras e de escravos e com filhos legítimos, o centro da organização doméstica; e o segundo, formado por escravos, negros livres, mestiços, índios, filhos ilegítimos do chefe da família (ou de seus filhos), agregados diversos e também por parentes, geralmente empobrecidos e dependentes do patriarca.

À medida que se associava ao escravagismo, a família patriarcal gerava sua contrapartida, a inexistência de família, ou a generalização, na população escrava, do que chamamos de família "matrifocal", na qual o pai só está presente como genitor, mas não como figura paterna. Essa forma de família é, ainda hoje, disseminada entre algumas camadas sociais no Brasil.

> Nas casas-grandes até hoje foi onde melhor se exprimiu o caráter brasileiro. Nessas famílias havia ausência do elemento

masculino, já que os senhores de engenho estavam interessados na reprodução dos escravos através da mulher – eixo principal – responsável pela unidade e identificação familiar, assumindo fortes traços matriarcais (JOSÉ FILHO, 2002, p. 29).

Já na classe trabalhadora assalariada predominava outro modelo de organização familiar, centrado na posição do pai de família e na dona de casa; realiza-se aí um modelo de hierarquia centrado no pai. Paralelamente, nessa sociedade, existiam as famílias dos escravos e dos seus senhores; as relações entre brancos e negros, que de início eram ligadas à produção econômica, passam a ser também de procriação pela escassez de mulheres brancas (JOSÉ FILHO, 2002).

Entre os grupos de camponeses, a mesma organização hierárquica também predomina, e de forma mais acentuada. Além disso, no campesinato, a noção de família é inseparável das noções de trabalho e terra.

Assim, a família brasileira é fruto de uma tradição colonial e patriarcal, caracterizada, entre outras coisas, pelo domínio masculino e pela submissão da mulher, e pela constatação de que a raça mestiça não se formou sem grande dose de abuso da mulher índia e negra.

A chamada família patriarcal era muito presente, principalmente entre os detentores do poder econômico, político e social, por favorecer os seus interesses.

Porém, algumas pesquisas, como as de Mariza Corrêa (1994), Maria Odila Silva Dias (1984), Donald Ramos (1975) e Maria Luíza Marcílio (1974), chamam a atenção para a complexidade de formas das famílias brasileiras, e chegam a afirmar que o conceito de família patriarcal tinha um conteúdo densamente ideológico, por descrever somente aquelas do norte do país (SAMARA; COSTA, 1996, apud COSTA; TEIXEIRA, 2004, p. 349).

Assim, as famílias extensas do tipo patriarcal não podem ser consideradas predominantes no Brasil, na época dos grandes engenhos de açúcar e das plantações de café.

Na sociedade colonial brasileira, a religião fazia parte da vida das famílias como da identidade do próprio povo brasileiro. A família funcionava também como unidade de apoio, abrigando parentes e agregados, para garantir os meios de sobrevivência de seus membros e exercer influência política. Os laços de compadrio ampliavam a família, e alguns protegidos viviam à sombra do prestígio de seus padrinhos. Embora a dupla moral permitisse aventuras masculinas à margem da relação conjugal, a pressão social e religiosa mantinha a estabilidade formal da família.

No período tradicional ou pré-industrial, a família se apoiava fundamentalmente nas atividades agrícolas, na propriedade da terra e na estrutura familiar de produção, e era, tanto na zona rural como na urbana, onde se desenvolvia o artesanato, um centro de produção. Produzia-se quase tudo o que se consumia e se consumia quase tudo o que se produzia. O dinheiro não tinha muita importância. As famílias eram praticamente independentes umas das outras. A casa era verdadeira unidade de residência, habitação e trabalho. A contínua convivência física alimentava uma convivência afetiva. A industrialização veio sacudir essas estruturas sociais. A família perde sua função de produtora econômica e já não pode produzir o que consome, nem vice-versa. Surge a necessidade de os membros abandonarem a convivência familiar para colaborar na subsistência do lar (GRINGS, 1992), embora em algumas realidades, por causa da terceirização, os membros da família se apoiem ainda na produção doméstica como fonte de sobrevivência.

Acontece uma ruptura com a "tradição" consagrada no período que a antecede, uma revolução em todos os níveis, principalmente no modo de produção (feudalismo/capitalismo).

Com o avanço da urbanização, da industrialização e da modernização na sociedade brasileira, ainda que persistam a pequena agricultura camponesa, indústrias caseiras e empresas domésticas urbanas, atividades econômicas ancoradas em relações familiares perdem a relevância, já não se podendo caracterizar a família, em geral, como unidade de produção.

O declínio do poder patriarcal e de princípios e controles religiosos e comunitários mais tradicionais traduziram-se em mudanças nas relações de gênero, na ampliação da autonomia dos diversos componentes da família e em um exercício bem mais aberto e livre da sexualidade, dissociada das responsabilidades da reprodução.

A presença de mulheres no mercado de trabalho passou a ser crescente, assim como a difusão e a utilização de práticas anticoncepcionais e a fragilização dos laços matrimoniais, com o aumento das separações, dos divórcios e de novos acordos sexuais (CARVALHO; ALMEIDA, 2003).

2.2 A família brasileira a partir da década de 1960

Em minha pesquisa (PORRECA, 2004), lancei um breve "olhar histórico" sobre a família a partir de 1960, por conceber esse período como um tempo de grandes e profundas transformações sociais e culturais e, consequentemente, intensas mudanças na sua estrutura e dinâmica. Utilizarei, nos próximos parágrafos, alguns desses dados para descrever os condicionamentos que influenciaram diretamente a família.

A partir de 1960, a sociedade brasileira passa por profundas modificações econômicas e sociais, que acarretaram a concentração da renda, a pauperização de grande parte da população e o aumento da força de trabalho infantojuvenil e feminina. Paralelamente a esse processo, ocorreram mudanças nas formas de sociabilidade, caracterizadas pela emergência de novos modos de relacionamento familiar, interpessoal, afetivo e sexual, e também pelo aparecimento de modelos culturais ordenados dessas relações (ROMANELLI, 1998).

Dentre as mudanças gerais que afetaram a sociedade brasileira, a urbanização acelerada tende a concentrar em algumas metrópoles uma proporção crescente da população nacional, devido à expansão do processo de desenvolvimento econômico (DURHAM; CARDOSO, 1977).

A elevada densidade demográfica urbana condiciona a sociabilidade da família, a transformação das relações de parentesco e as representações dessas relações no interior da família (DURHAM; CARDOSO, 1977). Além disso, ocorrem mudanças na ocupação do espaço urbano, o que afeta também as formas de sociabilidade. A Igreja matriz, que antes constituía local privilegiado de articulação da vida social, com festas de padroeiros, missas, procissões e quermesses, passa a sofrer a concorrência progressiva de mais espaços, como *shoppings*, bares, parques e outros, que se abrem para a vida social (GRINGS, 1992).

Outras alterações da sociedade brasileira e que repercutem na família alinham-se com a modernização ocorrida no país, em sua dimensão econômica e política, intensificada nas décadas de 1960/1970, no regime instaurado pelo golpe de 1964, marcado por autoritarismo, supressão dos direitos constitucionais, perseguição policial e militar, prisão e tortura dos opositores e censura prévia aos meios de comunicação.

O endurecimento político foi respaldado pelo chamado "milagre econômico", que vai de 1969 a 1973. O setor industrial supera a média dos demais setores da economia brasileira.

O crescimento acelera-se e diversifica-se no período de 1968 a 1974. A disponibilidade externa de capital e a determinação dos governos militares de fazer do Brasil uma "potência emergente" viabilizam pesados investimentos em infraestrutura (rodovias, ferrovias, telecomunicações, portos, usinas hidrelétricas, usinas nucleares), nas indústrias de base (mineração e siderurgia), de transformação (papel, cimento, alumínio, produtos químicos, fertilizantes), equipamentos (geradores, sistemas de telefonia, máquinas, motores, turbinas), bens duráveis (veículos e eletrodomésticos) e na agroindústria de alimentos, grãos, carnes e laticínios (ALMANAQUE ABRIL, 1999).

O País assiste a um avanço econômico que promove a concentração e a centralização do capital. Ao lado de ofertas de novos produtos industrializados, dotados de alto valor simbólico, antes inacessíveis às camadas médias, amplia-se o uso de aparelhos de televisão, telefone e outros. A modernização econômica foi acompanhada de mudanças culturais que afetaram de maneira mais intensa famílias de determinados segmentos sociais dos grandes centros urbanos, onde a modernização ocorreu com mais vigor, e que alteraram o quadro em que se desenrolam as relações domésticas (ROMANELLI, 1995a).

No entanto, o processo de modernização também intensifica a desigualdade social, com consequente empobrecimento de setores da população. Diante dessas condições, surge a necessidade da contribuição do salário da mulher como forma de acesso a novos bens de consumo (BILAC, 1991). Assim, grande parte das famílias foi obrigada a aumentar o número de seus integrantes no mercado de trabalho, incluindo a esposa, como meio de ampliar a renda familiar e assegurar a manutenção do nível de consumo doméstico.

Como a família é também unidade de cooperação econômica (DURHAM, 1980), o rendimento das mulheres passa a ser essencial para suprir as necessidades familiares. O seu ingresso no mercado de trabalho possibilita também independência financeira, o que também colabora para redefinir a posição social feminina na família e no espaço público.

Alteram-se, assim, os padrões de relacionamento entre gêneros, o que acarreta questionamentos, por parte das mulheres, dos modelos hegemônicos ordenadores da família e da sexualidade. Ao mesmo tempo, aumenta o número delas em todos os níveis de ensino, o que lhes confere qualificação para ocuparem postos de trabalho mais bem remunerados no sistema produtivo (ROMANELLI, 1986).

Bilac (1991) destaca o aumento acentuado na participação das mulheres casadas, seguidas pelas separadas e pelas unidas consensualmente, no trabalho remunerado. Nessas circunstâncias, a própria divisão sexual do trabalho é questionada: embora os maridos tenham uma prática inovadora e um discurso igualitário, "as esposas expressam a insatisfação com a divisão sexual do trabalho e pressionam os maridos para assumirem parte das tarefas domésticas" (ROMANELLI, 1991, p. 34).

A modernização do sistema produtivo, com distribuição desigual de renda, está inserida num período marcado pela repressão política e pela censura violenta contra modalidades de conduta qualificadas como questionadoras de modelos hegemônicos.

A presença de um quadro repressivo, autoritário e moralista contribuiu para abafar a emergência de novas formas de sociabilidade em diferentes domínios da vida social, mas não conseguiu impedir o questionamento de valores e de modelos de conduta que diziam respeito às relações interpessoais, em especial àquelas que se referem à dimensão afetivo-sexual e às modalidades de ordenação da vida doméstica (ROMANELLI, 1991).

Tanto no plano da sociabilidade quanto no plano normativo, surgiu a outra face das mudanças sociais: a modernidade cultural, com os movimentos de contracultura, em reação aos modelos tradicionais de orientação social, questionando o sistema simbólico vigente e defendendo a liberdade individual e sexual de cada um.

A família deparou-se com alterações significativas, influenciadas por processos de mudanças sociais, tanto geradas na sociedade quanto no interior da vida doméstica.

A incorporação de elementos inovadores da modernidade cultural não é homogênea, mas varia de acordo com as condições vividas por seus segmentos (JABLONSKI, 1986).

Na década de 1970, o movimento feminista se difunde, questionando o lugar da mulher, propondo igualdade de direitos, principalmente no que diz respeito ao trabalho e à família, e colabora, também, para rever o papel feminino, a dominância masculina, as tarefas domésticas e o cuidado com os filhos. Nesse processo de transformação, além da difusão de ideias feministas, a grande novidade foi a pílula anticoncepcional, que separou radicalmente a sexualidade da reprodução, deslocando o seu controle biológico do homem para a mulher.

Padrões tradicionais de conduta também são submetidos a reavaliações de caráter distinto, com a expansão dos princípios e conceitos da psicologia e psicanálise, muitas vezes vulgarizados e distorcidos através do psicologismo, e dão um caráter pseudocientífico a tais questionamentos. O sujeito passa a buscar cada vez mais dentro de si mesmo soluções individuais para as mudanças nas relações afetivas e na vida doméstica (RUSSO, 1987).

Ocorre, assim, a difusão de novas representações que valorizam a igualdade entre sexos, a autonomia do sujeito diante do controle familiar, maior liberdade na expressão afetiva e sexual. Os princípios sustentadores do modelo familiar deixam de ser o único referencial para se pensar a vida doméstica, embora nem sempre sejam endossados e aceitos por todos os integrantes da família.

Atualmente, a família se organiza não só pela relação de gênero, que produz uma rede de sociabilidade muito rica, mas também pelo princípio do individual e do igualitarismo. Quando a mulher começa a entrar no mercado de trabalho de modo intenso, conciliando atividades domésticas com atividades profissionais, as relações começam a mudar de modo muito marcante (BARBOSA, 2001).

O princípio do igualitarismo faz com que as mulheres passem a exercer de modo intenso uma carreira, constituindo não apenas uma tarefa realizada fora de casa, mas também um trabalho em que elas se desenvolvem tanto quanto os homens, um trabalho perpetrado como carreira e projetado para o futuro. Exige-se, portanto, uma reciclagem do conhecimento feminino para se manter no mercado e para ter uma relativa ascensão profissional.

A família, nos dias atuais, tende a organizar-se de maneira democrática, na igualdade dos membros, genitores e filhos. Com isso, a função social das mulheres vai sendo alterada, ocorrendo transformação na organização doméstica e um redimensionamento da distribuição rígida de tarefas, modificando e gerando outras situações sociais e familiares, como a divisão sexual do trabalho, mudanças nos modelos de masculinidade e feminilidade, aumento de escolarização feminina, desgaste da moral dualista etc. Nesse contexto, o trabalho e a carreira passam a ter uma importância tão grande quanto o relacionamento afetivo (GOLDENBERG, 2005).

As ligações afetivas tendem a ser pensadas de um modo diferente. Tal universo não é regido pelo princípio da produtividade, pelo princípio formal que rege a relação de trabalho, mas é fundado na reciprocidade, em certa doação ao outro, numa troca mútua, ainda que se mantenham os limites, evitando-se a fusão.

O que ocorre é que as pessoas têm uma doação no casamento que passa a ser regida por um vínculo menos contratual e mais de partilha. O marido e a mulher dividem as tarefas, e tudo vai sendo negociado.

Surge o que Salen (1989) chama de casal igualitário, que pode apresentar, como principal dilema, o tatear da áurea medida dos movimentos de "discriminação" dos parceiros, de modo que eles não redundem na fragmentação da unidade. Isto é, o indivíduo deve ver saciado seu anseio de singularização e de não englobamento no outro, e, ao mesmo tempo, deve continuar a se reconhecer na exigência de uma vida compartilhada e de uma existência comum. Em uma palavra, o desafio é o de, enquanto casal, ser dois e simultaneamente um só.

O casal igualitário dramatiza princípios que regem a ordem social individualista e exprime dilemas que lhe são inerentes [...] acompanhando premissas de base da ordenação individualista, os cônjuges percebem-se como sócios livre-contratantes e a cada um deles é outorgado – tal como aos "cidadãos" – antecedência lógica e moral sobre o contrato que os vincula. Nesse arranjo, o sujeito singular é concebido como inteligível em si mesmo e, cioso da preservação de sua liberdade individual, ele se antagoniza a qualquer instância que, encapsulando-o, possa comprometer a atualização desse valor (SALEN, 1989, p. 35).

As mudanças das representações sobre as identidades de gênero, bem como as consequentes transformações na forma como alguns casais lidam com a questão da subjetividade e vivenciam a intimidade, passam a exigir uma reorganização da dinâmica do relacionamento conjugal, em que estão presentes as representações modernizantes que envolvem a realização de aspirações associadas à vida conjugal, à reprodução biológica e ao futuro dos filhos.

A estabilidade familiar passa a depender do mútuo consentimento dos esposos, com tudo o que ela comporta: compatibilidade de gênio, adaptação sexual, harmonia conjugal, amor. Por outro lado, a opção pela reprodução biológica torna-se objeto de escolha a dois, e não simples consequência de relações sexuais. O comportamento reprodutivo dos casais é condicionado pela situação financeira, tendo em vista o projeto de escolarização e os cuidados que os pais, sobretudo a mãe, podem dispensar aos filhos, a fim de assegurar-lhes uma socialização condizente com o projeto de ascensão social das famílias de camadas médias (ROMANELLI, 1991).

Segundo Berquó (1998, 2004), de 6,2 filhos por mulher entre 1940 e 1960, a taxa de fecundidade passou a 5,6 em 1970, caiu para 4,2 em 1980 e chegou a 2,5 em 1991. Entre 1991 e 2000, a queda da fecundidade foi de 12%.[1] Essa acelerada queda ocorrida no País nas últimas duas décadas explica a redução do tamanho das famílias. O número médio de seus componentes caiu de 3,9 pessoas, em 1991, para 3,5 em 2000. Já entre 2000 e 2013 o número de filhos por mulher caiu 26% nos últimos 14 anos no Brasil, passando de 2,39 filhos por mulher para 1,77 (IBGE, 2000; 2104).

A relação conjugal e o trabalho doméstico começam a ser redefinidos, pois, como marido e esposa estão no mercado de trabalho, as regras não são claras para o casal, nem na relação entre pais e filhos, uma vez que a tarefa de educá-los vai ficando desatualizada.

A análise dos níveis de ocupação por sexo mostra que o ingresso feminino no mercado de trabalho, acentuado na década de 1980 e mantido em crescimento até 1995, retomou seu impulso. O nível da ocupação da população masculina manteve-se

---

[1] A taxa de fecundidade caiu tanto por vários motivos. Antigamente, as famílias tinham muitos filhos, porque sabiam que, com a alta taxa de mortalidade infantil, pelo menos a metade iria morrer, e precisavam que uma parte sobrevivesse para sustentar os pais na velhice. Com a Previdência Social, o Governo assume esse papel. Outro fator é a questão do crédito direto ao consumidor, que também é da década de 1970. Isso significa que as pessoas começaram a ter aspirações de consumo, que as levaram a pensar um pouco mais antes de ter filhos, já que isso representava perda do poder aquisitivo. Tal controle foi possível porque as mulheres passaram a ter mais acesso ao setor da saúde e a receber informações sobre métodos anticoncepcionais. O quarto fator fundamental foi a verdadeira revolução das telecomunicações no Brasil. No momento em que os sinais de TV alcançam os rincões mais afastados, veiculam valores. Nas telenovelas, por exemplo, as famílias são, na maioria das vezes, pequenas.

em queda, com nítida retração em 1996. Em 2002, chegou aos 67,8%, acima do ano anterior, mas bem abaixo de 1992. Já o nível de ocupação feminina também se retraiu em 1996, mas recuperou-se em 1999 e atingiu 44,5% em 2002, praticamente o mesmo nível de 1995, auge do período. No País, o nível da ocupação das pessoas de 10 anos de idade ou mais foi de 56,5% em 2004, sendo de 68,2% na população masculina e de 45,6% na feminina (PNAD, 2004). Em 2007, as mulheres representavam 40,8% do mercado formal de trabalho; em 2016, passaram a ocupar 44% das vagas (IBGE, 2017).

Os dados censitários demonstram a evolução da participação feminina no mercado de trabalho e a redução contínua da diferença entre homens e mulheres na População Economicamente Ativa (PEA), no período entre 1950 e 2010. A participação masculina na PEA passou de 80,8% para 67,1%, ao passo que a participação feminina mais que triplicou, saltando de 13,6% para 49,9% (IBGE, 2010)

O homem perde sua condição de autoridade e provedor principal, pois os ganhos femininos tornam-se necessários para compor o orçamento doméstico. Desse modo, os homens têm dificuldade em se adaptar aos novos papéis que deles são esperados, tais como o de pai mais acessível aos filhos e marido mais solidário nos afazeres domésticos. Já as mulheres, apesar das mudanças no seu papel, não conseguem se distanciar da condição de esposa e mãe, sentindo-se culpadas quando inseridas em carreiras promissoras, por não se dedicarem integralmente à casa e aos filhos.

A inclusão do pai na órbita do privado tende a aproximá-lo dos filhos e a estabelecer novas formas de sociabilidade na família, embora a inserção masculina em um universo associado à dimensão da vida interior e da subjetividade desloque o genitor para um espaço de indeterminação cultural, no qual ele não encontra modelos para orientar sua conduta.

Com isso, introduz-se uma importante mudança nas relações familiares brasileiras, permitindo, ainda que de modo incipiente, um novo modo de vivenciar a paternidade. Por outro lado, a inclusão da mulher na vida pública do mercado de trabalho é considerada positiva e sustentada por representações que a legitimam.

Os pais procuram evitar imposições aos filhos, fazendo um esforço no sentido de eliminar o modelo hierarquizante de relações na família, visando assegurar a liberdade de expressão dos filhos. Esse processo necessita de uma constante negociação, tanto entre pais e filhos como entre os cônjuges, procurando-se diretrizes para ordenar a vida doméstica (ROMANELLI, 1991).

Outra crescente alteração na vida doméstica no Brasil é o tipo de cuidado que os avós dispensam a seus netos. Aqueles que antes desempenhavam os papéis indiretos nos cuidados e na formação, passam a ter atribuições e obrigações de pais, devendo agora impor limites e regras, expandindo sua atuação na família e, muitas vezes, até assumindo a criação dos netos.

O censo demográfico de 2000 descreveu que 20% dos domicílios brasileiros tinham idosos como chefes de família, o que expressa um número de mais de 8 milhões de lares. E, em 2009, aproximadamente 13,8 milhões de pessoas com mais de 60 anos eram chefes de família. Desse total, 36% são compostos de casal com filhos e/ou outros parentes (IBGE, 2002; 2010).

Os motivos mais comuns da expansão dos papéis dos avós na família relacionam-se a alterações nos valores da sociedade e, por consequência, no modo de vida moderno. Como exemplo: a inserção das mulheres no mercado de trabalho, dificultando-lhes o cuidado integral dos filhos; as dificuldades econômicas, como desemprego dos pais e a imprescindível ajuda financeira dos avós; necessidade de ambos os pais trabalharem para prover o sustento doméstico; divórcio do casal, com retorno para casa dos pais, juntamente com os netos; novo casamento de pais separados e não aceitação das crianças por parte do cônjuge;

gravidez precoce e despreparo para cuidar dos filhos; morte precoce dos pais; incapacidade dos pais decorrente de desordens emocionais ou neurológicas; uso de drogas ou envolvimento em programas de recuperação para seus usuários; envolvimento em situações ilícitas e problemas judiciais (SANTOS, 2003; GOODMAN & SILVERSTEIN, 2002; GLASS JR. & HUNEYCUTT, 2002; MINKLER & FULLER-THOMSON, 1999).

Em decorrência dessas alterações e de outras, percebe-se, na família brasileira do século XXI, o delinear de um quadro complexo e multifacetado que merece atenção e análise cuidadosa, a fim de que se possa compreender essa realidade: a união conjugal vai deixando de significar dependência econômica da mulher perante o marido, permitindo que comece a existir maior equilíbrio entre ambos (ROMANELLI, 1986); os membros da família não consideram suficientes o companheirismo e a amizade, mas passam a exigir muito mais do casamento, sendo a sexualidade compensadora indispensável à manutenção do casamento; a busca da igualdade de direitos e deveres vai se instalando de forma complexa e desencadeia inúmeras mudanças, que passam a exigir uma reorganização da dinâmica do relacionamento conjugal e parental; e, por fim, os membros da família aprendem a dividir as tarefas e responsabilidades da casa e da vida familiar de uma nova maneira, e a dimensão de complementaridade permeia a organização familiar.

A partir dessas considerações, percebe-se que a família sofre, desde a sua origem, inúmeras alterações em sua configuração pelas mudanças econômica, religiosa e sociocultural do contexto em que se encontra inserida. Mudanças evidenciadas na família brasileira, em especial a partir de 1950, tanto no que se refere à sua composição interna quanto no que diz respeito às formas de sociabilidade que vigoram em seu interior, demonstram seu caráter dinâmico.

Diante desse quadro de transformações da realidade social, temos uma constatação: a família, mesmo assumindo uma ampla gama de formas sociais, não é uma construção do ser humano, nem é constituída de acordo com a cultura ou interesse social, mas natural, criada e querida por Deus, por manter universalmente e em todas as épocas a tríade natural (mãe, pai e filhos) nas suas diferentes formas.

CAPÍTULO 3

Abordagens contemporâneas sobre a família

A família (mãe, pai e filhos) é a instituição social mais antiga, uma realidade conhecida e vivenciada por todos os seres humanos; afinal, nascemos em uma família e nela iniciamos nosso processo socializador. E mesmo aqueles que não têm tal experiência guardam, pelo menos, a ideia, o desejo, a aspiração, a imagem de família. Ela é verdadeiramente o "Santuário da Vida", o lugar privilegiado de gerar, cuidar, defender e promover a vida. Ela existe, sempre existiu e existirá; essa afirmação confere e reafirma seu caráter natural e universal para as pessoas.

Contudo, a definição de família, assim como a sua natureza e universalidade, não é um consenso entre os estudiosos do tema (CADORET, 2002; STEPHENS, 2003; e outros). O seu conceito assume significados diversos, de acordo com as áreas de conhecimento que tratam do tema, bem como do contexto econômico-social e cultural de cada sociedade. Em cada época histórica, a vida doméstica assume formas específicas, e cada ciência tenta abordá-la sob ângulos específicos e com métodos próprios (JOSÉ FILHO, 2002; DURHAM, 1983; LÉVI-STRAUSS, 1969; e outros).

Com a intensificação dos estudos sobre a família a partir de 1960, nas décadas seguintes multiplicam-se os autores e as escolas sociológicas, dentro das diversas pesquisas e abordagens. Este estudo destaca as teorias sociológicas desenvolvidas sob a concepção de Donati (2005).

Essas teorias são classificadas em: institucional, estrutural/funcionalista, das trocas, interacionista, marxista, crítica, hermenêutico-fenomenológica, do desenvolvimento, feminista e relacional. Cada uma dessas abordagens distingue-se pela ontologia e epistemologia, pela estratégia original de escolher os temas e o fenômeno a serem estudados e por utilizar uma metodologia própria de investigação, utilizando uma linguagem interpretativa particular (DONATI, 2005).

3.1 Abordagem institucional

A abordagem institucional, no início de 1980, considera a família essencialmente como instituição social, isto é, um grupo social que deve ter uma precisa estruturação normativa publicamente sancionada. Essa abordagem pode ser entendida como o primeiro modo de observar a família: sociedade de forma sistemática. A família é entendida como célula da sociedade, aquela microssociedade que reproduz o fundamento da macrossociedade.

Ela se desenvolve à medida que se adapta às regras e práticas do ambiente social, e consequentemente é controlada. Essa abordagem evidencia um caráter multifuncional da família, sustentando que deve responder às diversas tarefas reprodutivas, afetivas, de proteção, de socialização, religiosa e outras, e às dimensões existenciais do ser humano.

A configuração dessa abordagem considera-a no sentido de ser autossuficiente e autonormativa, uma vez que a solidariedade familiar se funda nas necessidades e nos valores, quer sejam pessoais, quer sociais, de caráter primário. A divisão sexual do trabalho não é somente uma necessidade, mas é fundamental para seus membros.

Essa abordagem vai perdendo credibilidade a cada ano, muito embora nenhuma análise sociológica negue o caráter de instituição social que cada sociedade atribui à família.

3.2 Abordagem estrutural/funcionalista

A abordagem estrutural/funcionalista difunde-se a partir de 1950 e se diferencia da institucional porque a unidade de análise não é a instituição, uma pequena sociedade, mas o sistema social familiar, concebido analiticamente como estrutura de *status*/tarefas, que deve se ocupar de funções especiais como um todo, isto é, da sociedade definida como um sistema global, em que os membros exercem mutuamente tarefas familiares, e que se mantém funcionalmente unida com todos os outros sistemas da sociedade (MONTGOMERY; FEWER, 1988).

A imagem de família nuclear norte-americana é tomada como padrão universal mais avançado de sociedades industriais modernas. O modelo descrito por Parsons teria se desenvolvido em sociedades avançadas, a partir do processo de urbanização e industrialização. E seu esquema, referenciado na experiência da classe média urbana dos EUA dos anos 1950, foi defendido como o mais amadurecido, para o qual outros, tidos como menos desenvolvidos, tenderiam a caminhar, como se a diversidade de modelos familiares apresentados ao longo da história e de distintas culturas pudessem ser classificados como moralmente inferiores e, culturalmente, menos civilizados e menos sadios (HITA, 2005).

De fato, a família é condicionada a se subordinar aos subsistemas (econômico, político, comunitário e outros), em que se presume a unidade familiar e se fala de trocas: economicamente, ela oferta o próprio recurso econômico em troca dos bens de consumo; na política, sujeita-se à lealdade e ao consenso para receber em troca orientação e garantias dos líderes políticos; tem sua participação na comunidade em troca de ajuda e identidade; enfim, aceita e conforma-se aos valores do ambiente externo.

Supõe-se, assim, que a integração familiar se baseie sobre a participação nos valores dominantes na sociedade, os quais devem ser interiorizados pelos membros da família de igual modo. A família é um subsistema interdependente da sociedade externa, que se especializa no fazer frente aos pré-requisitos funcionais/sistêmicos latentes.

3.3 Abordagem das trocas

Rompendo com o modelo familiar anterior, a abordagem das trocas considera que a solidariedade familiar não pode ser baseada sobre a conformidade de tarefas nem sobre o consenso aos valores últimos. Evidencia que a conformidade e o consenso não explicam nem bastariam para manter a unidade da família diante das tensões e conflitos que surgem por causa dos limites e adaptações às realidades sociais.

Essa semântica tem duas tradições: uma francesa (E. Durkheim a M. Mauss, e depois C. Lévi-Strauss), a qual coloca em evidência os aspectos coletivos e simbólicos das trocas, que na rede parental-familiar tem um caráter de dom – a família nasce da troca como expressão da exigência coletiva e normativa da sociedade; e a segunda, com tradição norte-americana (G. Homans, P. Blau, J. Thibaut, H. Kelley, W. Buckley e outros), evidencia que o comportamento humano, como também da família, está relacionado à satisfação das necessidades primárias e dos processos sociais, através das trocas baseadas na recíproca utilidade dos participantes – o comportamento familiar deve ser considerado como agir voltado à procura de recompensa predominantemente individual e instrumental (DONATI, 2005).

Nas duas tradições, considera-se esse comportamento uma troca complexa de atividades mutuamente recompensadoras, em que cada membro aceita e mantém um benefício, desde que possa restituir e retribuir a outro membro. Nessa relação, as normas morais familiares vêm induzidas nas ações que os membros colocam em ato como retribuição pelos benefícios recebidos e como serviços para obterem gratificações futuras.

A escola estrutural-funcionalista deixava aberto, entre outros, um problema particularmente relevante na sociedade modernizante. Por isso, nos anos 1970, alguns pesquisadores norte-americanos, como G. Homans e Gary S. Becker, sistematizaram uma teoria alternativa, propondo que as estruturas familiar e parental devam ser compreendidas como expressões de formas estreitas ou alargadas de mudanças sociais, no pressuposto de que o comportamento do homem, também na família, está unido na relação às suas necessidades primárias e aos processos sociais como meio de satisfazê-los.

Por isso, o comportamento familiar deveria ser analisado com base no agir voltado à pesquisa de recompensas, prevalentemente individuais e instrumentais. Representa uma íntima ligação entre família e mercado, que qualifica o matrimônio como ato de troca social, toda a vida conjugal afrontada com um fazer, e as suas motivações consideradas e orientadas à vantagem pessoal.

3.4 Abordagem interacionista

Rompendo com a abordagem precedente, a semântica interacionista considera a família simplesmente como uma unidade de pessoas interagindo entre si, sem preocupação com a análise aos vínculos legais ou institucionais, sem nem mesmo privilegiar alguma particular dimensão no âmbito da vida conjugal.

Os iniciadores desta abordagem são G. H. Mead (1966), E. Burgess e H. Locke (1945), que partem da teoria segundo a qual a família, no curso do processo de modernização, se transforma de instituição, com modos de agir controlativos dos costumes, da opinião pública e das leis, em uma comunidade de amizade, com comportamentos que surgem do mútuo afeto e do consenso geral cotidiano.

Dessa forma, a família constitui-se em uma identidade que é construção simbólica do eu através dos outros e é interpretada à luz da interação simbólica. Essa teoria procura explicar as interações funcionais como produto não intencional do trato social que se desenvolve no tempo entre os membros da família.

> Esta abordagem é insuficiente por tratar que a família seja socialmente envolvida enquanto agente interessado na reprodução alargada da subcultura, das classes sociais, da divisão social e política do trabalho em nível societário. Todavia, o interacionismo simbólico permite melhorar os nossos conhecimentos acerca dos fenômenos aparentemente escondidos, com frequência não conhecidos ou patológicos da vida familiar, através de análises empíricas dos complexos das interações em que os atores agem como animal simbólico (DONATI, 2005, p. 77).

Por estar situada nos primeiros anos de 1960, quando se difundiu certa mística da felicidade familiar, essa teoria traz como objetivo principal considerar que na família se encontra o desenvolvimento da personalidade de alguém, as expectativas e a maior felicidade da vida. A divisão de trabalho e de tarefas familiares vem, portanto, segundo os interacionistas, prevalentemente, pelo mútuo acordo e não pela pressão externa.

Essa teoria da família de Burgess e Locke exprime outros modelos familiares que trazem um tipo de ideal típico que pouco tem a ver com a realidade empírica.

3.5 Abordagem marxista

Diferentemente da interacionista, a abordagem marxista pensa a família como instituição social monogâmica, um produto histórico nascido com a propriedade privada dos meios de produção e que encontra no Estado a sua garantia. E se nasce em determinado momento histórico, também poderá ser eliminada.

Para Marx, a família nasce e estabelecem-se as suas várias formas de solidariedade interna sobre a base dos diversos tipos históricos de divisão social do trabalho. O núcleo central consiste em que a família contém, em si mesma, o modo de produção dominante de determinada sociedade, em certa área geográfico-cultural.

Essa abordagem se caracteriza por uma leitura economicista da realidade familiar: a natureza e a cultura na família são observadas como realidades originalmente comuns e como organização espontânea; é o homem quem a constrói e desconstrói, enfatizando um subjetivismo desvinculado de tudo que é cultura.

No curso histórico, no campo marxista, Giddens (1995) acentua a importância da subjetividade e dos relacionamentos interpessoais contra a interpretação materialista, economicista e positivista. E define os contornos de uma nova configuração de subjetividade que acompanha a mudança radical na esfera da sexualidade, uma subjetividade pós-edípica e pós-patriarcal, cuja plasticidade é fundamental para a construção de uma noção ampliada de democracia.

3.6 Abordagem da teoria crítica

Com tendências marxistas, surge nos anos de 1930 a abordagem da teoria crítica da sociedade ou Escola de Frankfurt (T. Adorno, M. Horkheimer, H. Marcuse, E. Fromm e continuada por J. Habermas e seus seguidores), que entende a família como uma forma social ambivalente. De um lado é funcional, por controlar a ordem sociocultural, e de outro é necessária ao amadurecimento do indivíduo.

Embora essa abordagem se assemelhe à marxista, modifica-a e inova-a ao atribuir mais autonomia e importância aos fatores psicológicos e culturais, ou seja, ao mundo simbólico, linguístico e discursivo próprio da família.

A família é considerada necessária para algumas funções primárias, sobretudo a socialização, mas também pode ser um meio de conservar a cultura dominante autoritária e repleta de desigualdade social.

Em 1966, Max Horkheimer e Theodor Adorno partem da ideia de que a família é uma relação espontânea e natural, diferenciando-se do modelo monogâmico. Em virtude desse processo de diferenciação, criam-se relacionamentos privados.

Ela é pensada como uma ilha em meio ao fluxo da dinâmica social, resíduo de um ideologizante estado de natureza. Então, não só dependeria da realidade social nas várias concretizações históricas que assume, como também é mediada socialmente na sua estrutura mais íntima.

A Escola de Frankurt exprime a consciência da tragédia que a família deve afrontar na sociedade moderna, a qual a exalta e a combate ao mesmo tempo: a exalta quando reconhece que nela estão os motivos de solidariedade e altruísmo, os quais aludem a um mundo humano melhor; e a combate quando a vê nos elementos que impulsionam o conservadorismo e a repressão, que legitimam os relacionamentos de autoridade e de desigualdade na sociedade (HORKHEIMER et al., 1974).

3.7 Abordagem hermenêutico--fenomenológica

Outra abordagem é a intitulada hermenêutico-fenomenológica, que acentua os elementos significativos e intencionais, portanto, subjetivos e intersubjetivos da família. Tudo nela é símbolo que requer interpretação, a qual parte da cultura, e não do indivíduo; um agir do sujeito entre sujeitos.

Essa semântica define a família como emergente da vida cotidiana das pessoas, que é formada através das relações interpessoais, da linguagem interativa, da imagem codificada e descodificante, diferentemente dos atores que produzem um específico discurso familiar, o qual necessita de uma interpretação, seja da parte dos atores, seja dos observadores.

A família é objeto de conhecimento intersubjetivo e se forma entre os sujeitos agentes e através destes. Sustentam que ela não é tanto um conjunto de união ou vínculos sociais, coletivamente definidos, mas uma maneira de reunir um significado às relações interpessoais, o primeiro objeto do movimento natural que constitui o mundo vital como das relações significativas que, herdadas do passado, vivemos no presente e encontraremos também amanhã. "Os limites dessa abordagem são evidentes no seu risco de subjetivismo; no entanto, as vantagens estão em colocar em destaque que a família humana é significativa para os sujeitos envolvidos" (DONATI, 2005, p. 72).

3.8 Abordagem do desenvolvimento

A penúltima abordagem apresentada por Donati é a do desenvolvimento, que procura mostrar como a configuração familiar, ou seja, seus modelos, se modificam no tempo e segundo as fases do ciclo de vida em que a família se encontra.

Acentua como as necessidades e as tarefas se desenvolvem diferentemente nas diversas fases. A classificação das fases do ciclo de vida familiar é variável, seja por número, seja por estruturação, de acordo com aspectos enfatizados: pré-conjugal, casal sem filhos, casal com filhos, casal idoso "sem filhos".

A família é entendida como portadora de uma história evolutiva, supondo que seus membros tenham enfrentado certas tarefas e continuam a fazê-lo. O sistema familiar é considerado um sistema adaptativo complexo, semiaberto, que contém certo grau de mudança da estrutura interna e das funções e dos comportamentos no curso de sua existência.

Esta semântica acredita que a família se mantém sob quatro requisitos: interdependência dos membros, manutenção seletiva dos limites, capacidade de adaptarem-se às mudanças e competência em enfrentar as próprias tarefas (WALSH, 1986).

3.9 Abordagem feminista

Por fim, a partir dos anos de 1970, surge a abordagem feminista, que introduz a ótica do gênero para examinar a realidade familiar-social, para saber como os membros da família vêm se relacionando com a diferença biológica e a identidade sociocultural, mostrando a necessidade de repensar o gênero em uma perspectiva autenticamente relacional, que observa a mulher e o homem dialogando entre si.

O estudo do gênero impôs uma nova visão para entender a família na sua organização social, pois coloca no centro da atenção os aspectos mais pessoais, mais relacionais, de cuidado, os emocionais e sensuais (KELLER; ZACH, 2002).

Essa abordagem conduz a contradições, quando, de um lado, ao exigir uma forma de igualdade entre homem e mulher, deixa esvair a identidade específica de cada um deles, e, de outro, quando afirma uma diferença de gênero que leva a legitimar uma nova desigualdade, não só entre homem e mulher, mas também no interno do mesmo mundo feminino. Falta uma teoria adequada de relação homem-mulher, uma identidade relacional, por adotar um paradigma individualista e coletivizante (DONATI, 2005).

Essas reflexões e estudos, que estiveram muito presentes a partir dos anos 1950, procuram analisar a família a partir da causalidade, funcionalidade e intencionalidade.

Assim, a família, a partir da segunda metade dos anos 1960, é vista como sujeito/objeto do processo de modernização. No início dos anos 1970, a situação é um pouco contrária, pois é entendida como uma realidade se dissolvendo. A partir dos anos 1980 até hoje, com o emergente clima cultural, passa a ser encarada como um modo ideologizante, como um fenômeno de pura comunicação.

3.10 Abordagem relacional de Donati

Ao considerar incompletas as abordagens anteriores, Donati (1983) elabora a teoria sociológica relacional, entendendo a família como lugar privilegiado de relações de reciprocidade e confiança.

A sociologia relacional foi formulada em 1983, por Pierpaolo Donati, e é explicada no livro *Introduzione alla sociologia relazionale* [Introdução à sociologia relacional]. Consiste em observar a sociedade, ou seja, qualquer fenômeno ou formação social, não como uma ideia, nem como uma coisa material, nem como um sistema preordenado, tampouco como um produto de ação individual; porém, relacionalmente. A sociedade é feita de relações e, precisamente, de relações sociais que se distinguem na forma e no conteúdo de cada concreta e específica sociedade.

Ele elabora os seus estudos observando empiricamente a família contemporânea e a grande ambivalência entre o privado e o público. Nesse processo a família está sendo estimulada à vida privada, tornando-se cada vez mais isolada e subjetivada; no entanto, é lançada, paradoxalmente, a assumir responsabilidades e tarefas públicas e coletivas. Tal processo afeta, consideravelmente, a dinâmica familiar, levando-a a uma crise que gera instabilidades e reorganizações da sua dinâmica.

Segundo Donati (2005), as reorganizações incessantes da família podem ser denominadas morfogêneses, uma vez que significam e exprimem o originar-se de novas formas familiares. Essas rupturas evidenciam que a família não tem ciclo de vida definido, mas que os indivíduos passam de uma família a outra e que também recomeçam tudo de novo, de modo que a trajetória linear de um grupo familiar é menos frequente.

A família é definida, nesse processo de morfogêneses, como entrelaçamento de cursos de vidas individuais, de indivíduos que se agregam e desagregam com maior contingência. No entanto, deve-se considerar que tenha um ciclo de vida no que se refere ao que ela significa e garante na necessária transmissão intergeracional.

Duas grandes diretrizes mostram esse processo familiar: a primeira, que concebe a família como representante de um momento de passagem da natureza à cultura, e sem a qual, além de não se realizar a existência de uma sociedade com dimensão humana, uma cultura dificilmente estenderia os seus dinamismos associativos. Os símbolos e as formas associativas correriam o risco de tornarem-se modos de alienar o humano, em lugar de expressar os conteúdos distintivos (PRANDINI, 2006a); depois, a família representa o ponto de interseção entre o público e o privado, já que, mesmo tendo uma esfera privada, deve relacionar-se constantemente com a sociedade. Senão a privatização torna-se subjetivação, retirando da sociedade o mínimo de normas e valores compartilhados que permitem uma ordenada vida civil.

Nesse sentido, as relações familiares originam a sociedade, assim como as excedem; quando vai além dela, a família é (e permanece) aquela relação de latência que nasce e impulsiona para a transcendência social.

Talvez a grande dificuldade nas pesquisas com família esteja na sua identidade específica. Ela se perde em dinâmicas que reconhecem as relações íntimas pelo fato de serem íntimas. E por terem uma continuidade no tempo como relações familiares, nota-se que as formas de viver junto fazem família.

Para Donati (2005), a família é uma relação social, e não meramente biológica ou psicológica, dotada de características próprias, únicas e insubstituíveis; uma relação *sui generis*. Ele supõe que a identidade da família não repousa sobre o fato material objetivável, não é um lugar ou uma estrutura física, ainda que muitas vezes se possa observar assim, nem uma característica subjetiva, um sentimento, um afeto, mas sim uma relação social.

Por ser uma relação social, portanto, invisível e imaterial, mas que tem uma realidade e é decisiva para a vida do ser humano enquanto solução às suas necessidades mais fundamentais, a família consiste em ter uma realidade entrelaçada de elementos objetivos e subjetivos que transcendem as coisas já dadas. E só pode ser realizada por pessoas, mas não se detém nelas, vai além delas.

Mesmo com as manifestações de algumas problemáticas atuais, como diminuição dos matrimônios, crescentes separações e divórcios e as emergentes outras formas de ser família, nada a elimina; ao contrário, reforça-se a urgência dela. Esses fenômenos evidenciam como a família é imprescindível, até mesmo pela sua idealização, e não poderiam existir sem ela. Essa perspectiva esteve muito presente na minha pesquisa com casais em segunda união (PORRECA, 2004), quando estes relatavam a necessidade de casarem-se de novo e de buscarem incessantemente viver a chamada "família ideal".

Na ótica de Donati (2001), talvez o problema social da família esteja no sentido da sua relação constitutiva. Essa realidade torna-se muito presente quando alguns estudos contemporâneos afirmam que não existe mais *a família*, mas que há *muitas e diversas famílias*.

Depois desse percurso histórico da família, em especial da brasileira, focalizando as teorias sociológicas que procuram entender a estrutura e a dinâmica familiar das configurações passadas e suas características contemporâneas, pode-se observar que, em pleno século XXI, muitas funções que antigamente eram reservadas à família começaram a ser desempenhadas por agências públicas ou privadas – desde a procriação, que passa a ser desempenhada por laboratórios de fecundação assistida, passando pela educação terceirizada dos filhos, até as clínicas de tratamento de idosos.

Dessa forma, nota-se que existem muitas propostas de abordar a história da família e muitas questões ainda a responder, mas um indicador é certo: o pesquisador contemporâneo, influenciado pelo individualismo e relativismo que geram o pluralismo, pode não mais encontrar o seu objeto de estudo, a família, que vai dissolvendo-se diante dos seus olhos. No entanto, ela existe e cada vez mais emerge como realidade fundamental para o delineamento da identidade humana e social. Tanto é verdade que o símbolo da família é dos mais fortes, estáveis e relevantes no tempo da vida social, desde o início da história humana até hoje (DONATI, 2007b).

CAPÍTULO 4

A ditadura do individualismo e do relativismo afeta diretamente a estrutura e a dinâmica familiar

O Papa Emérito Bento XVI falava, insistentemente, em grande parte dos seus pronunciamentos, sobre a ditadura do individualismo e do relativismo, presente e atuante na sociedade contemporânea. Tendências culturais que levam a pessoa a converter-se na única medida de si mesma são consideradas como o critério de avaliação tanto da realidade como das próprias opções, orientando cada um a julgar-se absolutamente dono de suas decisões, perdendo de vista outros objetivos que não estejam centrados no próprio ego.

Esse tipo de cultura renuncia à crença no definitivo e absoluto e conduz todos a certo grau de arbitrariedade que os torna "crianças na fé", influenciáveis por doutrinas pouco consistentes e norteadas apenas pelo próprio "eu".

Ante o individualismo e o relativismo, a família se depara com o espírito de competitividade e de empreendimento, trazendo mudanças profundas nas relações entre seus membros, que podemos traduzir como a cultura do "cada um por si" e do "vale tudo". Perdem-se as referências, tudo é permitido, desde que possibilite o sucesso, o bem-estar pessoal, o acesso àquilo que o mundo pode oferecer de melhor. Não existem mais regras; "a verdade" e "o bem" perdem o seu primado. O que importa é o prazeroso para mim; o "nós" se reduz ao "eu", e o "nosso" ao "meu"; implanta-se a absolutização do individualismo e do relativismo, que gera o pluralismo, responsável por fragmentar o ser humano e, consequentemente, a família.

A fragmentação do ser humano e da família reduz e limita a dimensão unitária e totalizante dessas duas realidades intimamente ligadas entre si, fraturando e dividindo essa unidade que se manifesta em diversos níveis sociais e culturais, principalmente no estilo de vida dos membros da família. Assim também na mentalidade cotidiana das oposições, tais como: objetivo/subjetivo; público/privado; família/sociedade; fé/vida; ciência/religião e outros.

A família, diante desse fenômeno de fragmentação, reage, adapta-se, ou mesmo se supera, assumindo novas configurações domésticas. Procura, na medida do possível, reconduzir a unidade como sujeito e não como objeto das tendências individualistas e relativistas, buscando a sua natureza de ser família, e não outra coisa.

4.1 O individualismo

O individualismo pode ter um caráter positivo, pois as decisões passam a ser negociadas e renegociadas. A autoridade dos pais não é suficiente para deter os destinos da família; destaca-se aqui o poder feminino oculto, que se manifesta no discurso amoroso e sempre em nome do amor maior.

A família individual contribui para que a questão da igualdade na relação seja mais democrática; não há o peso do coletivo sobre o sujeito, e as pessoas podem conquistar algum espaço de modo mais negociável do que na família em que o familiarismo tem um peso muito rígido.

Mas, se por um lado a individualidade contribui, por outro cria um espaço para uma convivência complicada, pois evidencia o interesse particular e diminui o coletivo. Alguém que é individualista pensa, sente e atua segundo os próprios interesses, importando em menor medida no contexto social em que se encontra (GOUVEIA, 2003).

Se o peso da família é muito intenso sobre a individualidade, o individual pode chegar ao extremo oposto, criando situações em que a solidariedade corre o risco de ficar obscurecida pela realização da predominância do desejo de um membro da família.

Dessa forma, o individualismo abre um espaço de cisão em que comungar com o interesse coletivo se torna muito difícil. Há uma difusão enorme do princípio do individualismo, que é realimentado muito intensamente pela própria lógica da sociedade capitalista, a qual determina que é preciso vencer a qualquer custo, principalmente quando ocorrem situações de crise econômica, como a atual.

E algumas concepções da psicologia também servem para realimentar o individualismo, pois, no plano de algumas tendências, propõe-se que o importante é pensar em si mesmo e no próprio prazer, sendo menos relevante a relação. Essa realidade está presente nos vários segmentos da sociedade, que estimula a busca por realizar aspirações, individual e egoisticamente, prejudicando o relacionamento de maneira nefasta, pois o que passa a valer é a competitividade, o sucesso pelo sucesso, a conquista em si, tendo como único objetivo a satisfação pessoal (GOUVEIA, 2003).

O contexto de individualidade, na situação de pobreza nas camadas populares, influencia diretamente a dinâmica doméstica, pois os membros da família que contribuíam com o rendimento passam a não ser responsáveis pelo sustento coletivo. Essa tensão da pobreza remete, sobretudo, às famílias matrifocais, chefiadas por mulheres, no sentido financeiro.

A atuação da mulher provedora em famílias das camadas populares é mais complicada, porque seu trabalho torna-se uma extensão do serviço doméstico. Os filhos começam a trabalhar muito cedo, para garantir, muitas vezes, que fiquem fora da marginalidade social. E a situação é ainda mais perversa para as mulheres negras (ALMEIDA, 2005).

A situação de pobreza condiciona e condena algumas famílias a ficarem mais vulneráveis diante da realidade social, privando-as das condições básicas de sobrevivência, como no caso daquelas chefiadas por mulheres pobres e negras (SARTI, 1999). É-lhes traçado, assim, um destino de marginalidade, de exclusão e de fracasso, principalmente para as crianças negras, já que existe certa permissividade quanto à frequência e ao desempenho escolar.

Já nas camadas médias, o individualismo torna-se mais evidente na união conjugal, uma vez que vai deixando de haver dependência econômica e amplia-se a dimensão amorosa por existir maior equilíbrio; a intimidade começa, então, a se reestruturar, à medida que os dispositivos morais se constroem de forma a ter o mesmo valor para homens e mulheres.

As ideias sobre o amor romântico estavam claramente associadas à subordinação da mulher ao lar e ao seu relativo isolamento do mundo exterior. Ao longo do tempo, tal noção foi se modificando, e o amor romântico passou a ser um amor sublime, em que duas pessoas que se amam e se desejam compartilham uma vida e vivem em busca da felicidade. Hoje em dia, esse amor parece estar cada vez mais raro (GIDDENS, 1995).

Porém, a questão básica da família de camadas médias[1] contemporânea é o sentimento amoroso na dinâmica doméstica; na

---

[1] Baseados na Classificação Brasileira de Ocupações – CBO, definimos as camadas médias como uma composição de diversas classes, frações de classe e categorias sociais. Elas se compõem de pequenos burgueses, profissionais liberais e assalariados médios.

verdade, diversos autores retomam o tema do sentimento, ao discutir sobre os conflitos e tensões que permeiam o casamento, na organização da vida a dois, evidenciando um amor em construção, um sentimento como a identidade, que também vai sendo construído na relação que se cria. O amor é um sentimento não pronto, feito de um compartilhamento das situações que o casal passa a viver.

Consideram, assim, o amor um sentimento fundido numa relação de igualdade, baseado na escolha e na espontaneidade, e não na competição. Diminui-se, como consequência, a dominação masculina, uma vez que o casal está engajado num projeto de vida comum. O amor requer uma igualdade no plano da intersubjetividade, reunido por um sentimento de troca.

Doa-se ao outro, supondo que haverá reciprocidade, um sentimento de desprendimento que não é a manutenção do singular. Esse sentimento amoroso poderia contribuir para uma igualdade que é complicada e difícil, mas possível e desejável.

Embora esse sentimento amoroso envolva muito a atenção para a individualidade (autonomia, independência), que deixa muito em segundo plano o desejo dos outros, essa busca de construção da individualidade pode fazer com que o sujeito coloque-se como ponto central de tudo. É uma questão complicada de ser resolvida, porque há uma tendência muito grande a exaltar a individualidade, priorizando o eu.

Às vezes, acontece uma confusão extremamente grande entre aquilo que é autonomia e aquilo que é partilha e concessão. Isso é muito presente nas famílias de camadas médias, em que cada um acaba ouvindo a si mesmo, fazendo escolhas pelos momentos sociais que vive.

A realidade hoje acentua esse processo negativo de individualismo, por conceber a família como uma forma supraestrutural e ideológica, que serve para mascarar os interesses e as necessidades mais profundas e relevantes. Tal supraestrutura é aqui entendida como variável dependente da força social material ou ideal de estrutura opressiva e promotora de desigualdade social, uma supraestrutura de poder não só econômico, mas até de uma manutenção de um sistema patriarcal explorador. A finalidade política desse pensamento está na abolição do poder repressivo e, portanto, da prática da igualdade interpessoal.

Como consequência do processo individualista na família, surge de forma mais evidenciada e legitimada o relativismo familiar.

Para discutir o relativismo, é preciso primeiro entender o que significa: é uma linha de pensamento que rejeita qualquer definição de que possa haver uma verdade absoluta e permanente; o indivíduo define a "sua" verdade e aquilo que lhe parece ser o seu bem. Tudo é relativo ao local, à época ou a outras circunstâncias.

Para seus adeptos, se a pessoa é a medida de todas as coisas, então coisa alguma pode ser medida para os homens. Ou seja, as leis, as regras, a cultura, tudo deve ser definido pelo conjunto de pessoas, e aquilo que vale em determinado lugar não necessariamente deve valer em outro, como dizia o filósofo grego Protágoras (século V a.C.), na sua obra *A verdade*.

Para entender melhor a matriz cultural do relativismo, este estudo evidencia dois tipos de relativismo, que têm caminhos completamente diferentes: o relativismo determinista ou estruturalista e o individualista.

O primeiro tipo se refere ao ser humano como ser determinado pela cultura em que nasce, pois, segundo esse tipo, cada um se exprime com uma linguagem, com um sistema de símbolos, de imagens. Essa cultura nos define internamente; cada um é filho de sua cultura. Nesse sentido, é um relativismo determinista.

Um segmento da ciência tem ensinado e a globalização tem feito explodir em nível popular essa consciência de que a cultura é profundamente diferente entre os seres humanos. Cada cultura é própria; assim, é relativa, pois existem diversas culturas e, para cada conteúdo cultural, a possibilidade de demonstrar que outra pessoa vive de modo completamente diferente. Tantas culturas, tantos modelos de família.

Então, deve-se respeitar em cada cultura o seu conteúdo cultural, dando igual dignidade a todas elas, não se tendo um critério de verdade para distingui-las, pois são apenas diferentes e nada mais. Nenhuma cultura é superior à outra, todas estão em pé de igualdade quanto à dignidade e respeito, não tendo nenhum critério para "julgar" a validade de uma em relação às outras. Cada um de nós é determinado pela cultura em que nasce, em que é ensinado e educado.

O segundo tipo, o relativismo individualista, tem como matriz cultural o individualismo. Esse tipo deriva de uma origem niilista de Friedrich Wilhelm Nietzsche (1844-1900), que proclamou: "Deus está morto e, se não morreu, deve morrer para devolver ao homem a liberdade".

Segundo Almeida (2005), o homem somente será livre se Deus morrer. Isso significa a morte de Deus? Significa que não existe uma ordem objetiva da realidade. Deus é que garante, sendo criador, de fato, que, se a realidade tem uma só ordem objetiva e, assim, existe uma ordem objetiva da realidade, é possível individuar, entender e descobrir a verdade dessa ordem, como se configura essa ordem.

A morte de Deus quer dizer que o conceito "natural" e os conceitos de ordem natural e de verdade desaparecem, ou melhor, não existem. A morte de Deus é a morte da verdade; tudo é construção, o homem é livre para escolher os próprios valores, a própria verdade. E se é assim, cada um acredita naquilo que "deseja"; não existe uma possibilidade de distinguir a ordem de valores, cada um tem os próprios valores. Morrendo o Deus único, nascem vários deuses, pois o homem não pode viver sem valores; nasce assim um politeísmo de valores (ALMEIDA, 2005).

Mas se tudo é opção, escolha, desejo, se existe um politeísmo de valores, como se faz para manter um mínimo de ordem, de convivência civil? Como é possível continuar e perpetuar um mínimo de vida social em uma situação em que cada um é livre para fazer aquilo que quer, de seguir o próprio instinto, o próprio gosto, a própria paixão? A regra para sair desse caos é a democracia. O relativismo se casa com a cultura da democracia, que considera justo aquilo que a maioria decide como justo (DONATI, 2005).

Hoje, esse é o mesmo raciocínio usado para a verdade e para a ciência. Não existe uma verdade objetiva, nem na física, nem nas questões existenciais, tampouco na biologia nem na medicina. O critério da maioria é o único para definir a verdade.

A cultura dominante hoje, ou ao menos difundida, tem evidentemente consequências importantes sobre a família, sobre a ideia de família e sobre a imagem de família.

Segundo a posição do relativismo estruturalista ou determinista, a família é organizada de acordo com cada cultura: existem culturas em que é patriarcal, outras em que é poligâmica. A cultura é que a institucionaliza. Não é uma instituição natural. De acordo com a cultura, nasce um tipo de família.

Há muitas formas de criá-la, segundo a cultura em que nascemos, como somos educados e vivemos; não existe outra possibilidade de fazermos família fora de nossa cultura, somos determinados por ela.

E como todas as culturas estão em pé de igualdade quanto à dignidade, são apenas diferentes. Não existe também possibilidade de se chegar a um consenso, uma discussão sobre qual modo de fazer família é melhor ou pior do que outro. Isto é o que podemos chamar de multiculturalismo.

Para o relativismo individualista, a família é aquilo que somente o indivíduo, livre para escolher, entende como tal ou decide fazê-lo. É um resultado de opinião: temos tantas famílias quantas são as opções disponíveis ao indivíduo.

Essa situação cria um caos, uma enorme quantidade de problemas. Para o direito, por exemplo: como estabelecer um sistema jurídico para tantos tipos de família nos vários tipos de cultura?

Como a democracia, a maioria decide o que é família naquele momento. Então, é estabelecida com base num consenso que, naturalmente, se modifica. Daí se instaura um problema: como fazer para reconhecer o que é família? (PRANDINI, 2006a).

Assim, faz-se necessário estabelecer uma ordem, um denominador comum, um mínimo de vínculo para uma convivência civil, social, a fim de evitar um contínuo paradoxo e contradição.

Observam-se presentes na cultura contemporânea o individualismo institucionalizado e o estruturalismo individualista. Mas Prandini (2006a) aponta para uma confluência desses dois elementos, naquilo que ele chama de confluência central ou indistinta.

A família é vista simultaneamente como uma estrutura social capaz de criar indivíduos, e uma prática individual que gera as estruturas que fazem referência aos vínculos ou recursos de cada agir.

A confluência central indistinta parece ser a mais adequada à tendência globalizante, por procurar descrever e explicar só alguns processos socioculturais típicos de uma parte do mundo ocidental, sem considerar os processos de identidade coletiva.

Sob essa ótica da não distinção, descreve os processos de globalização de uma maneira diferenciada e teoriza a presença de um código cultural ocidental de liberdade e igualdade; com isso, contradiz a globalização tão desejada e estimulada nos processos sociais.

A sociedade é compreendida como composta de contratos, como uma política do negociável, uma ideologia da democratização da realidade, não distinguindo as esferas específicas da sociedade, como a política, econômica, jurídica, religiosa e outras, em que cada norma está sujeita ao contrato, à negociação.

No que se refere à família, essa forma relativista de pensar supervaloriza a relevância empírica das novas formas familiares e de alguns processos seletivos da sua realidade, e os descreve como uma tendência geral e destinada a crescer. Não analisa em qual extrato social e quais motivos dessas tipologias familiares emergem, renunciando assim a compreender suas reais lógicas de mudanças, além de confundir as novas tipologias familiares com novas modalidades de família.

Diante do individualismo e do relativismo, é interessante observar que, acima de tudo, sempre se retoma nas pessoas o grande desejo de ter uma família nuclear, de ter uma família considerada um meio de assegurar um mínimo de proteção, amparo, solidariedade, relativa privacidade e intimidade.

A família nuclear é extremamente valorizada, porque as pessoas começam a perceber que dentro dela é possível ter certo apoio e segurança. Mesmo não sendo completas tais condições, ainda assim é concebida como um lugar que garante um mínimo de proteção. Uma forma ideal que possibilita um vínculo conjugal, parental e fraternal.

Daí se observa que a família não tem um processo linear de um ponto a outro, mas se modifica, alargando-se e restringindo--se, com maior ou menor função e/ou estabilidade, de acordo com a sociedade que a circunda.

No entanto, no dizer de Prandini (2003), Donati (2001), Askham (1984), Anshen (1974), Murdock (1968), Lévi-Strauss (1969), a família tem como base empírica a universalidade. Uma união mais ou menos durável, socialmente aprovada, de um homem, uma mulher e seus filhos, é um fenômeno universal, presente em qualquer sociedade.

Não se quer dizer com isso que a família nuclear seja a única forma existente, mas sim afirmar que ela se encontra como modalidade de referimento empírico significativo em cada sociedade humana conhecida, e que esse modelo é até hoje prevalente.

Dizer universal cultural não significa declarar que seja universal empírica, como, por exemplo, a proibição do incesto, que é uma norma social, mas não um mecanismo automático e, portanto, pode ser violado. Em nossas pesquisas (PORRECA, 2004), observando e investigando os casais em segunda união, constatamos essa mesma afirmação.

E isso cria, no decorrer da história pessoal, uma cumplicidade, pois vai sendo construída dentro da família a identidade das pessoas, por estarem muito ligadas pelos laços da aliança e pelos laços biologizados; e esses laços são constantemente refeitos no dia a dia.

4.2 O relativismo e a pluralização

Com a influência do relativismo permeando as esferas familiares, principalmente nas últimas décadas, começa-se a evidenciar um fenômeno ocidental de pluralização da família, ou de suas formas, indicando que a sociedade atual não se baseia mais em um só modelo, mas em modelos familiares, tendo como base a escolha e preferência do indivíduo.

O substantivo "pluralidade" ou o adjetivo "plural" é uma contraposição a qualquer coisa, à unidade ou à singularidade. Quando o usamos na família, estamos utilizando um critério com o qual distinguimos em termos quantitativos e qualitativos as diversas famílias.

No senso comum, não se distingue a palavra "família", que fica sempre inata, do termo no plural, "as famílias", não se operando nenhuma distinção interna. Com a palavra "família", pode-se fazer muitos jogos, linguísticos ou semânticos, mas esses jogos nunca substituem a palavra principal e seus derivados por outros vocábulos equivalentes.

Mesmo permanecendo a ideia de que a família é um modelo de relação, as formas familiares vêm se multiplicando; esse fenômeno de pluralização vai se estruturando de forma evidente e clara nos dias de hoje.

Os franceses dividem o fenômeno, dizendo que se deve falar de "família no plural", ao contrário do singular (*famille au pluriel*); os ingleses chamam de "família de escolha" (*families-of-choice*); os alemães, de "companheiros de vida" ou "união de vida" (*lebenspartnerschaft*); os italianos, de "união de fato" (*unione di fatto*).

Geralmente, nesses países, tais conceitos estão ligados à preocupação jurídica das uniões. A França tem aprovado leis que instituem o *Pacte civil de solidarité* (Pacto Civil de Solidariedade) e na Alemanha, a da *Eingetragene Lebenspartnerschaft* (Convivência Registrada). Outros países, como a Dinamarca, Espanha, Holanda e Inglaterra, vêm aprovando leis que reconhecem a união homossexual, dando a essas uniões certa tutela.

Esse pluralismo é inédito pelo menos por três grandes motivos: primeiro, porque as formas de fato de família ou casais são altamente dinâmicas, interativas e mutáveis; depois, porque solicitam reconhecimento público e inclusão no sistema social, com direitos e deveres de cidadania; e, terceiro, porque respondem à dinâmica de um mercado mundial, à globalização, que tende a assimilar todos os relacionamentos sociais e modelos de consumo (DONATI, 2001).

O pluralismo familiar que hoje se propaga de forma evidente é marcado por duas teses contrapostas: a primeira sustenta que é produto de uma evolução mais ou menos determinista, a qual exige por si própria uma crescente variabilidade, que prescinde daqueles valores que vêm sendo atribuídos às formas singulares. Na ótica dessa linha interpretativa, as mudanças da família são lidas pelos sinais da dissolução da considerada família tradicional (casal casado, com filhos próprios), tornando-a secundária, ignorando o fato de que esta é a forma estatisticamente mais difundida e normal. Preconiza-se que a família não poderá nunca mais assumir o formato que se assemelhe à do passado (CASETTI & FANCHI, 2001).

E isso porque, talvez, o matrimônio se torne uma união muito prezada e construtiva, e a sexualidade se separe da fecundidade, já que ter filhos tornou-se uma escolha excepcional, por causa dos custos, das dificuldades e riscos crescentes, além do "problema" de aumento populacional mundial.

A outra tese sustenta, ao contrário, a pluralização das formas típicas de família; reflete as tendências negativas, do tipo autodestrutivo, regressivo e de degradação social, que geram modos de vida incapazes de representar soluções satisfatórias e estáveis nas relações entre os sexos e entre as gerações. Conclama a sociedade, pela força, a reduzir a variedade de possibilidades comportamentais familiares e a revalorizar certas características perenes, do empenho contratual e de estabilidade entre os sexos e gerações, típicas da família tradicional (FERRARI, 2001).

Ambas refletem um modelo de família tradicional (a dominação masculina e a desigualdade entre as gerações) que vem sendo usado como um cômodo estereótipo polêmico; no primeiro caso em sentido negativo (de combater), e no segundo, no senso positivo (de defender).

Família tradicional não indica um modelo histórico preciso, mas somente uma "sociedade natural" fundada sobre os cônjuges, um homem e uma mulher, de forma estável, previsível e socialmente amparada nas trocas entre si e no cumprimento das tarefas comuns, como a procriação e a educação dos filhos.

Dizer "sociedade natural" não significa falar em uma única forma; antes, a expressão faz alusão a um universo cultural que é empiricamente encontrado em muitas e diferentes sociedades, praticamente em todas aquelas do passado. Enquanto padrão (*pattern*) de orientação cultural e estrutural, é concretizado em uma quantidade de configurações diversas. Assim, no futuro não podemos considerar a família tradicional como um modelo hipostático.

A cultura e a estrutura social do mundo contemporâneo levam em direção a um número crescente de escolhas na pluralização das formas de família, que tem uma prática individual legitimada cultural e estruturalmente. A família, entendida como famílias, é considerada como uma simples variável dependente das ações e das atribuições do sentido individual. É um arranjo intersubjetivo, sempre local, nunca generalizado/universal; uma convenção, um artifício social, que serve para ordenar a troca cognitiva, emocional, normativa, econômica, jurídica e outras, entre os indivíduos (PRANDINI, 2006a).

Essa semântica deriva da cultura liberal, na qual o grande valor é a liberdade de negociação, de escolha, enfim, de vontade do indivíduo sobre qualquer instituição da sociedade.

Segundo esse modo de proceder, a família é entendida como escolha livre que tem como base o afeto e um conjunto de práticas sociais. Representa uma qualidade construída da interação humana; assim, não possui uma natureza social originária, mas uma série de atividades práticas, cotidianas, que são vistas e expressas pelo indivíduo como familiares. Esse conjunto de práticas é atribuído ao sujeito. O que importa é como as pessoas agem e o significado que elas dão às suas ações; o indivíduo faz a família, de acordo com o momento e a necessidade.

Por pluralidade da família, entende-se que esta deva ser regida e regulada por pessoas em relação, com base no princípio da cidadania neutra de todos os indivíduos como tais, promovendo a desorganização, a desagregação social e a fragmentação.

Nesse processo crescente de pluralização familiar no Ocidente, o paradigma relacional de Donati procura compreendê-la como um processo de morfogênese social, por gerar uma nova forma familiar.

A morfogênese pode ser aplicada aqui como um processo de relação, isto é, como relacionalidade circular, um fim em si mesma, indefinida, sem vínculo interno e externo entre elementos que mudam interagindo continuamente entre si. Esse processo é visto como uma forma estética generalizada da mudança: as formas se geram por circularidade potencialmente indefinida das relações que se decompõem e se recompõem sem nenhuma direcionalidade ou lógica prefixada. Na visão da filosofia oriental, é interpretada como a dança de "Shiva", em que tudo muda continuamente, mesmo que a cabeça permaneça fixa (DONATI, 2007b).

Outra grande teoria, e mais ocidental, concebe a morfogênese como um processo que tem uma dinâmica, descritiva e observável no tempo, como condicionamento recíproco (interdependência) entre fatores identificáveis, e não casuais, que se movem em uma lógica de vínculos e recursos, e em certo sentido devem corresponder à exigência de manutenção. O processo põe em jogo certa possibilidade, inclusive aquela de elaborar novas formas estáveis no tempo, que se corrigem sob os processos de morfostase por longos períodos.

Seja na primeira teoria, seja na segunda, a morfogênese não só é compatível, mas requer um padrão, um modelo (*pattern*) estrutural, sob o qual, e por referimento a este, assume um sentido, a que se pode chamar "estrutura latente". No caso da família, coincide com a tríade mãe, pai e filhos.

Uma estrutura familiar é sobreposta às inter-relações dos indivíduos e, se esta interação não reproduz a estrutura inicial, emerge uma nova estrutura, que, no curso do tempo, se modificará assumindo formas diferentes.

É previsível que grande parte das consideradas novas formas de família serão o produto da fragmentação e simplificação das formas de família precedentes: a) as famílias extensas reduziram o seu número; b) as famílias nucleares romperam em relações mais reduzidas, àquelas de genitor sozinho, casais sem filhos...; c) mais em geral, a família se partirá em subsistemas que pedirão uma legitimação cultural para si (DONATI, 2007b, p. 52).

As formas familiares que nascerão da fragmentação de estruturas precedentes deverão mostrar ser capazes de reproduzir-se culturalmente, ou seja, de oferecer modelos valorativos e normativos condizentes com os outros em linha de princípio generalizado, e precisarão ser uniformes e produzir formas vitais. As interações com o mundo externo deverão ser tais que sustentem o impacto sobre as exigências do mundo circunstante, que, de um lado, pedirá estrutura legal e, de outro, exigirá também o contrário, ou seja, relações familiares capazes de carregar o fardo das responsabilidades, tarefas, atividades, que requerem uma estrutura de provisão e continência.

É certo que, numa sociedade modernizada, os indivíduos desejam mais liberdade de escolha e interagem segundo a modalidade virtual, que modifica sempre mais profundamente as estruturas familiares deixadas pelas gerações precedentes.

As novas formas deverão ser valorizadas à luz de três critérios empíricos: a sua vitalidade interna (certas relações serão mais capazes de regenerarem-se, outras menos ou mesmo nada); a capacidade de responder às expectativas da sociedade (sobretudo no que concerne à aptidão de socialização, controle e responsabilidade com relação aos filhos, mas também de resguardar a habilidade de sustentar relações de mútua ajuda entre os modelos e entre as gerações próximas); a capacidade de reger os confrontos com as outras formas familiares, como, por exemplo, aquelas trazidas pelos grupos étnicos não ocidentais (DONATI, 2007b).

CAPÍTULO 5

As diversas e "novas" formas de família

A família, desde sua origem, sofre alterações na sua forma pelas mudanças religiosas, econômicas e socioculturais do contexto em que se encontra inserida. Sem dúvida, essas mudanças trazem, em especial nas últimas décadas, consequências relevantes, como transformações em sua estrutura e dinâmica.

As alterações sofridas pela instituição familiar, tanto no que se refere à sua composição interna quanto no que diz respeito às formas de sociabilidade que vigoram em seu interior, demonstram seu caráter dinâmico. O contexto social gerador de mudanças e, portanto, de provisoriedades e incertezas, produz na instituição familiar reações diversas, aumentando a possibilidade de busca de alternativas para a vida familiar (JOSÉ FILHO, 2002).

Com estruturas relacionais bastante diversificadas e com limites variáveis, de cultura a cultura, a família assume uma ampla gama de formas sociais primárias. Em geral, cada cultura tem sua própria representação dela. Embora hoje pareça desvanecer, essa representação não indica que esteja desaparecendo, mas sim que estamos diante de um processo sociocultural de nova diferenciação (DONATI, 2002).

Assim, a instituição familiar vem se convertendo em um fenômeno nem sempre tão simples de ser definido e até mesmo de ser pesquisado, devido às transformações que sofre diante da cultura e da sociedade, alterando sua estrutura e seu dinamismo, gerando novas e diversas configurações.

As novas configurações contemporâneas indicam estar associadas à mudança das relações de parentesco e das representações dessas relações no interior da família, em particular, às profundas alterações no papel de gênero feminino, que resultou no ingresso maciço das mulheres no mercado de trabalho, conferindo-lhes independência financeira e autonomia, quer como filhas, quer como esposas, reduzindo a autoridade do homem.

As "novas" formas, ou chamadas "novas" configurações, não devem reduzir a sua origem no individualismo, ou mesmo no relativismo, mas ser compreendidas no contexto amplo de transformação societária e cultural que sofre a sociedade.

Na sociedade brasileira, convive-se com diversas formas de configurações familiares. Em 2003, o PNAD/IBGE distribuiu as famílias, segundo o tipo e o sexo do chefe, em: família unipessoal, casal com filhos (nuclear), casal sem filhos, mãe (pai) sem cônjuge e outros modelos.

As famílias unipessoais, ou seja, constituídas por pessoas que moram sozinhas, segundo esse censo 2003, formavam 10% das famílias brasileiras; quase 15% compunham-se de casais sem filhos – logo, a quarta parte do total era de famílias sem presença de prole; 51% eram famílias nucleares com filhos; 18%, chefiadas por mulheres sem cônjuges, porém com filhos; um resíduo de 6% congregava outras configurações. Segundo estes dados, 47% dos domicílios organizam-se de maneira que no mínimo um dos pais está ausente. Há gente morando sozinha, avós ou tios criando netos ou sobrinhos, casais sem filhos, "produções independentes" e outras tantas alternativas.

A família composta de uma pessoa, segundo os dados do Censo Demográfico realizado pelo IBGE, aumentou 70,5% no total de pessoas solteiras ou separadas morando sozinhas entre 1991 e 2000. O contingente de famílias unipessoais passou de 2,420 milhões para 4,126 milhões no período. A participação desse grupo em relação ao total geral de famílias cresceu de 6,5% para 8,6%, entre 1991 e 2000; e continuou aumentando em 9,2%, em 2001, e 10,7%, em 2006.

O tipo de família em que o casal não tem filhos é formado por duas pessoas, sendo uma a pessoa de referência e a segunda o seu cônjuge. Dados da Pesquisa Nacional por Amostra de Domicílios do IBGE mostram que, de 1996 a 2006, a porcentagem de casais sem filhos em relação ao total dos arranjos familiares cresceu de 13,1% para 15,6%. No mesmo período, o percentual de casais com filhos, ou chamada família nuclear, caiu de 57,4% para 49,4%.

Uma pesquisa do *Datafolha Opinião Pública*, de 07/10/2007, na qual foram ouvidas 2.093 pessoas, também sugere a tendência: 14% dos sujeitos da pesquisa que se declararam casados afirmaram não ter filhos; em 1998, 10% havia declarado o mesmo para o instituto. Esse percentual ainda é maior nos países europeus (ISTAT – *Istituto nazionale di statistica in Itália* [2005] e EUROSTAT – *Statistical Office of the European Communities* [2005]). Nesses dados não houve separação entre casais que não podem ter filhos daqueles que não os querem.

Denomina-se família constituída de casal com filhos a que apresenta a pessoa de referência, seu cônjuge e filho(a) ou filhos(as). Podemos utilizar a nomenclatura de família nuclear, anteriormente descrita.

Quando houver parentes ou agregados, é definida como expandida por entender-se aquela que, na cultura ocidental, se refere, tradicionalmente, a grupos familiares que têm uma convivência comunitária, não necessariamente ligados entre si por vínculos de sangue ou afeto. O que faz esse grupo humano ser considerado família é o uso de uma única habitação, ou, pelo menos, uma estreita vizinhança, uma relativa administração e o consequente uso comunitário, parcial ou total dos recursos, preservando um relativo espaço de autonomia aos vários núcleos familiares que a compõem (CAMPANINI, 2002).

A família expandida esteve sempre presente na história humana, em especial nas sociedades agrícolas. Registre-se que nem nos períodos da industrialização, quando era exaltada a família nuclear, esse modelo esteve ausente.

Numa perspectiva evolucionista, a expandida é considerada a primeira e elementar forma de família, após o período primitivo que Morgan qualifica como fase de promiscuidade sexual. Supõe-se que, para se proteger e sobreviver, a agregação familiar sob uma única autoridade fez-se necessária. Uma vez terminada essa longa fase de busca de sobrevivência, pouco a pouco tal forma nuclear avançaria.

Outra forma de configuração doméstica, apontada pelo censo 2003 (PNAD/IBGE), que se encontra na sociedade brasileira em crescente aumento, são as famílias monoparentais, que podem ser matrifocais (quando a mãe, sem companheiro permanente, vive com os filhos) ou patrifocais (no caso do pai); as famílias ampliadas (que incluem a presença de outros parentes junto aos componentes da família nuclear); e as famílias recompostas (quando um dos parceiros ou ambos já tiveram uma primeira união com filhos e vivem com novos companheiros).

A expressão "famílias monoparentais" foi utilizada, segundo Nadine Lefaucher, na França, desde a metade dos anos 1970, para designar as unidades domésticas em que as pessoas vivem sem cônjuge, com um ou vários filhos com menos de 25 anos e solteiros (VITALE, 2005).

No Brasil, Bruschini (1994) aponta que, embora já houvesse no país um contingente expressivo de famílias chefiadas por mulheres, é a partir dos anos 1970 que elas passam a ter visibilidade e conquistam um lugar entre as pesquisas sociológicas.

Esse crescimento das famílias constituídas por apenas uma pessoa pode ser resultado de um conjunto de fatores, como o aumento da expectativa de vida – principalmente para mulheres –, maior número de separações conjugais e avanço no processo de urbanização, que proporciona alternativas mais propícias a esse tipo de arranjo familiar.

De acordo com o Censo Demográfico de 2000, as famílias chefiadas por mulheres têm crescido nas últimas décadas, correspondendo a 11,1 milhões. Uma em cada quatro famílias brasileiras é chefiada por mulheres. Nesse universo, a maioria delas, responsáveis pelo domicílio, está em situação monoparental.

Em 2006, o número de mulheres brasileiras indicadas como pessoa de referência da família aumentou consideravelmente, passando de 11,1 milhões para 18,5 milhões. Em termos relativos, esse crescimento corresponde a uma variação de 79%, enquanto, nesse período, o número de homens "chefes" de família aumentou 25% (IBGE, 2007).

O estudo do IPEA (Instituto de Pesquisa Econômica Aplicada) mostrou que, entre 1992 e 2009, as famílias com e sem filhos chefiadas por mulheres passaram de 0,8% para 9,4% do total. Em números absolutos, isso significa que, em 2009, 4,3 milhões de domicílios brasileiros encontravam-se nessa categoria. No mesmo período, as famílias formadas por mães e filhos (portanto, chefiadas por uma mulher) passaram de 12,3% para 15,4%. (IPEA, 2010).

A família monoparental é uma peculiaridade da sociedade de intenso desenvolvimento industrial e um efeito da revolução social; caracteriza-se pela convivência de um só dos pais com o filho ou os filhos e, normalmente, é chefiada pela mãe.

No passado, essa forma de família monoparental era originada, em grande parte dos casos, pela morte de um dos genitores, e frequentemente quando isso acontecia a família de origem procurava suprir essa situação. Hoje, esse tipo de família constrói-se, sob esta denominação, muitas vezes devido à separação dos cônjuges e, nesses casos, em geral não há participação financeira do cônjuge masculino na criação dos filhos.

É preciso não esquecer que as mulheres chefes de família costumam ser também "mães-de-família": acumulam uma dupla responsabilidade, ao assumir o cuidado da casa e das crianças juntamente com o sustento material de seus dependentes. Essa dupla jornada de trabalho geralmente vem acompanhada de uma dupla carga de culpa por suas insuficiências tanto no cuidado das crianças quanto na sua manutenção econômica. É verdade que essas insuficiências existem também em outras famílias, e igualmente é verdade que ambas têm suas raízes nas condições geradas pela sociedade. Porém, esses fatores sociais são ocultados pela ideologia que coloca a culpa na vítima, e o problema se torna mais agudo quando as duas vítimas são encarnadas por uma só pessoa (BRUSCHINI, 1994, p. 40).

O censo considerou ainda na sua distribuição das famílias outros grupos que tinham sua composição distinta das anteriormente descritas. Podemos considerar parte desse grupo a família recomposta ou denominada, pela prática pastoral da Igreja Católica, como família "em segunda união", ou ainda de casais divorciados que voltaram a se casar, à qual dedicaremos o próximo capítulo para entender melhor essa nova configuração.

5.1 Famílias em segunda união (famílias recompostas)

Sempre no contexto de transformações, a partir da década de 1950, a família brasileira sofre profundas e significativas mudanças, tanto na sua estrutura como na sua dinâmica, pela influência das alterações sociais ocorridas, tais como urbanização acelerada, ingresso da mulher no mercado de trabalho, mudança nas relações de gênero, queda da fecundidade, valorização da dimensão afetiva e sexual, aumento do número de divórcios, entre outras.

Essas mudanças contribuíram para que os sistemas simbólicos internalizados em diferentes momentos passassem a coexistir no mesmo sujeito, caracterizando o chamado desmapeamento, e ocasionassem conflitos e crises, quando o sujeito se via obrigado a ter de optar por apenas um único referencial.

O indivíduo perde sua orientação social, convivendo com dois modelos simbólicos diferentes: o tradicional, que ainda não deixou de existir completamente, e o alternativo, que ainda não foi interiorizado de maneira completa (NICOLACI-DA-COSTA, 1985). A situação de desmapeamento, sofrida também pela família, em particular a partir de 1960, gerou outras formas de sociabilidade que, por sua vez, concorreram para a busca de alternativas à vida familiar.

Tradicionalmente, a força do laço conjugal tinha uma dimensão institucional: o casamento, fundado na dependência entre os componentes do casal, pela divisão e complementaridade entre eles. Hoje em dia, o laço conjugal se funda na procura de relações amorosas satisfatórias, e não mais no compromisso de manter uma união estável, quando ela é insuficiente.

Donati (2000) qualifica dois fenômenos quando se refere às formas familiares. Primeiro afirma que os critérios de definição da família permanecem peculiares em relação àqueles usados para identificar outras formas primárias. O passado mantém-se, mas de modo diverso, já que continua a vigorar a proibição de inverter os papéis sexuais (masculinos e femininos) e geracionais (entre os que geram e os que são gerados), inclusive a proibição do incesto, mesmo que sexo e gerações não sejam mais separados, porém, fortemente interativos entre si. E ainda considera a relação social específica dessas formas de família, à qual sempre é confiada a tarefa de personalizar a pessoa, através de específicos processos de socialização, essenciais para o desenvolvimento da criança e também do adulto.

Atualmente, a configuração familiar de casais em segunda união aumentou consideravelmente com a legalização do divórcio em 1977, que alterou a lei do desquite e possibilitou a dissolução total do casamento.

Para compreender a família em segunda união, é preciso entender que estamos falando de casais em que um ou ambos os parceiros se separaram dos primeiros cônjuges e casaram-se novamente, no civil ou não, e em que ambos, ou um deles, têm filhos da relação anterior, e muitas vezes acabam tendo filhos dessa nova união.

Dias (1999) refere-se a esse novo arranjo doméstico, denominando-o de "famílias recompostas", e mostra o estranhamento com que se vê esse novo tipo de família, a começar pela variedade de nomes para designá-la: "família substituída", "família de recasamento/recasada", "família reconstituída", "família multiparental", "família agregada", "família mista", "família remendada", "reacomodamento familiar", "família ajuntada", "família amigada", "família adotada", "família postiça", "família dos meus, dos seus e dos nossos", "família reciclada", "família de segunda união", "nossa família".

Há um excesso de termos e uma ausência de precisão conceitual para designá-la, bem como os novos personagens e as posições que ocupam em seu interior. As expressões de parentesco frequentemente utilizadas para indicar as relações criadas pelas famílias em segunda união ou recompostas estão associadas a vocábulos usuais da família em primeira união, ou a neologismos, ou ainda a palavras adaptadas, e apelam preponderantemente para o uso do prefixo "re", oriundo do latim, inserindo a ideia de recomeço, "de novo", repetição, reciprocidade e mudança de status, como por exemplo: famílias refeitas, recasadas, reconstituídas, recompostas, reorganizadas.

A falta de terminologia adequada para designar essa realidade, bem como a escassa bibliografia sobre essa modalidade de família, indica a dificuldade de pensar as relações familiares fora das categorias de parentesco e aliança criadas a partir da família nuclear. Como todo fenômeno novo, as famílias recompostas carecem de nomes adequados para identificar seus personagens e evidenciar seus vínculos (UZIEL, 2000).

O álbum de família moderno requer legendas cada vez mais explicativas. Aquele que parece ser o pai é o "padrasto", mas o pai ainda não morreu; a moça com uma criança no colo não é a mãe, mas uma meio-irmã vinda de outro casamento; os três jovens que dividem o mesmo teto são um casal e uma amiga; e aquela que parecia ser a mãe pode ser, na verdade, a namorada dela.

As famílias em segunda união, como todas as outras, experimentam alegrias e tristezas, problemas e esperanças, tensões e realizações; entretanto, são formadas por estrutura e dinâmica diferentes e mais complexas, por se constituírem após um divórcio de um casamento anterior e por darem origem a grupos domésticos, cujos membros têm diferentes expectativas, concepções de vida e padrões de comportamento que as de primeira união.

Como a história não se apaga ou não se esquece, mas se ressignifica, nunca a família em segunda união será como uma família de primeira união, pois traz a formação e vivência de dois núcleos distintos e integrados. A experiência e constituição da primeira família não se apagam na formação e vivência de uma segunda união.

Nessa nova configuração, a complexidade do relacionamento é maior. As famílias em segunda união têm por característica fundamental a permeabilidade das fronteiras do lar reconstituído, o que abala mais a tentativa dos casais e filhos de vivenciar os moldes e a estrutura de uma primeira união. De fato, às famílias recompostas impõe-se um desafio: não se trata de ocupar lugares, mas de inventá-los (UZIEL, 2000).

Mesmo desejando, a segunda união nunca será um recomeço a partir de um nada vivido, mas terá sempre a experiência e os membros familiares da primeira união. O importante não é tanto o que se foi e se viveu de mágoas, tristezas, discussões, mas como os casais dão novo sentido àquilo que experimentaram no aqui e agora da história.

A partir das minhas investigações (PORRECA, 2004) sobre a realidade das famílias em segunda união, pude observar nos casais sujeitos da pesquisa a manifestação do desejo de dar início a uma nova relação, apesar das dificuldades e dos sofrimentos por que passaram no primeiro casamento e com a separação.

Pode-se interpretar esse dado como o desejo de suprir uma falta real que pede reparação ou compensação, que elimine o sofrimento pelo fracasso do primeiro casamento e que possibilite a conquista da felicidade. É a chance de começar de novo. Aliás, a fala dos sujeitos da pesquisa está sempre voltada para o direito de ser feliz. Os casais procuraram construir novos significados para o relacionamento atual, a partir dos atributos culturais; a família, independentemente do modelo, é considerada o lugar apropriado para que homens e mulheres desempenhem suas funções de cônjuges e pais, e para que os filhos nasçam e se desenvolvam. Observa-se assim a permanência do modelo familiar nuclear.

Na pesquisa (PORRECA, 2004), os casais expressaram a vontade de recomeçar, de formar uma nova família, de ter alguém com quem manter um relacionamento estável. De fato, prefeririam viver juntos a viver sozinhos. Por outro lado, também expressaram receio de se envolver em uma relação mais séria e comprometedora, que poderia tornar-se problemática, devido à experiência negativa que vivenciaram.

O casar novamente conduz os membros da família à reorganização da vida afetiva, social, profissional e sexual. Não é a repetição da relação anterior, mas a construção de uma forma relacional nova, que agora se dá em dois núcleos parentais, com a tentativa de reconstituir as relações rompidas, devido a fatores ligados às experiências prévias de vida matrimonial dos cônjuges, e, principalmente, à necessidade de harmonizar visões educacionais de filhos já existentes e a interferência dos ex-cônjuges sobre os respectivos filhos (WAGNER; FALCKE; MEZA, 1997; MALDONADO, 1995; COSTA; PENSO; FERES-CARNEIRO, 1992).

Para os casais em segunda união é um desafio árduo acolher e vivenciar a atual situação, integrar-se à nova história e se adaptar às novas realidades. Isso não significa categorizar ou julgar sobre a moralidade de cada família, mas assumir e experienciar o contexto em que está inserida.

5.2 Casais em segunda união e os filhos

Sociólogos e demógrafos reconhecem que os filhos são o centro de gravidade das famílias em segunda união (POITTEVIN, 2006); os relatos dos casais participantes na pesquisa elaborada por Porreca (2004) concordam com essa afirmação, quando dizem que uma de suas maiores preocupações, ao se casarem novamente, era, ao lado do sucesso ou não da nova união, a aceitação dos filhos.

Nessas famílias, os filhos são um elemento muito presente nas inquietações dos casais, pois eles definem a extensão e os limites da família recomposta (UZIEL, 2000), através da aprovação ou desaprovação clara ou sutil do novo casamento. E, na maioria das vezes, como a guarda deles tende a ser dada à mãe, o pai pode sentir-se culpado por tê-los "abandonado". Podemos entender essa situação como consequência da visão contemporânea, em que os filhos passam a ser para os pais a preocupação principal e o sentido de sua função cuidadora (CALDANA, 1998).

As segundas uniões geram o que se denomina "pluriparentalidade", na qual outros adultos que não os pais biológicos convivem com uma criança, frequentemente ficando responsáveis por parte de seus cuidados, desafiando, assim, a primazia do parentesco biológico que, como vínculo natural entre pais e filhos, tem sido considerado o mais importante para estabelecer a parentalidade (UZIEL, 2000).

A relação com os enteados é, em grande parte dos casos, distante, e o padrasto participa da educação deles de modo conflitante, por não ser o genitor e por não ter autoridade sobre eles, o que mostra novamente a importância do parentesco consanguíneo na família recomposta (DIAS, 1999). Cabe quase sempre à mãe biológica intermediar a relação do companheiro com os filhos de sua união anterior e, de acordo com Romanelli (1995a), retomar a função feminina tradicional de manter o equilíbrio no lar.

Não se deve esperar, principalmente dos filhos maiores, que eles fiquem felizes com a nova união; normalmente são muito frios com o(a) "substituto(a)", pois, do seu ponto de vista, o novo casamento impede a reconciliação dos pais biológicos.

O novo casamento suscita conflitos de lealdade, que são particularmente intensos quando os pais biológicos não se dão bem, pois os filhos precisam resguardar e proteger aspectos de seu relacionamento com seus genitores. Outro ângulo a ser considerado é o medo que têm de perder o pai ou a mãe para o novo cônjuge; como já sofreram perdas, ficam mais sensíveis à perspectiva de novas decepções. Por isso, tentam manter seus pais só para si e relutam em abrir mão de qualquer parcela do afeto e da atenção deles, demonstrando sentimentos de ciúme, competitividade e rejeição para com o novo cônjuge (CARTER; MC GOLDRICK, 1995; TEYBER, 1995; BARBER; LYONS, 1994; MALDONADO, 1995).

A situação se agrava quando a criança vai ficando dividida à medida que passa a gostar do(a) parceiro(a) de um dos pais, por ter a sensação de estar traindo o outro. E o conflito de lealdade sempre pode estar presente nessas relações, impossibilitando, em muitas ocasiões, bons relacionamentos familiares (WAGNER; SARRIERA, 1999).

Um aspecto indicativo da novidade das relações e papéis que se estabelecem no recasamento são os termos de parentesco, como vimos anteriormente. Em muitos casos, as nomenclaturas "madrasta", "padrasto", "enteado(a)" utilizadas carregam uma questão simbólica de forte conotação negativa, presente no imaginário das histórias infantis.

Quando os pais se separam/divorciam, normalmente é a mãe que detém a guarda dos filhos; o pai tende a ver os filhos com frequência nos primeiros anos após a separação, mas, com o passar do tempo, geralmente o contato vai se espaçando, principalmente quando eles se casam de novo e têm outros filhos. Os papéis masculinos tradicionais não preparam o homem para cuidar da prole.

Essa situação se agrava mais quando o pai deixa de cumprir suas obrigações, em especial a financeira, negligenciando a educação dos filhos. As mães, por sua vez, são oprimidas pelas assoberbantes exigências do cuidado materno, acumulando papéis e sobrecarregando-se com questões pessoais e financeiras.

Outro aspecto que merece consideração diz respeito às diferenças em função do sexo. O pai, não raro, se preocupa mais em disciplinar os meninos. Como a mãe, em geral, fica com a guarda das crianças, para a menina há pouca ou nenhuma perda, mas os meninos podem ser submetidos a uma disciplina inconstante.

Diante desse cenário, os filhos ainda podem ter de enfrentar o conflito da lealdade, a tristeza, o medo de serem separados ou mesmo abandonados por uma das figuras parentais, e muitos outros fatores de risco que condicionam a adaptação deles às mudanças nas novas estruturas e nos novos relacionamentos familiares, muito embora a recuperação afetiva seja prevista. Talvez esses sentimentos sejam os mais presentes e avassaladores em grande parte dos filhos com pais recasados.

Essa realidade é mais conflituosa quando a família nuclear é o modelo que prevalece no ideário da família. A maioria dos adultos tenta reproduzir, no segundo casamento, esse estilo tradicional, do qual se pode até chegar perto quando os filhos são pequenos; mas, quando mais velhos, as tentativas iniciais de dividir o papel parental com o novo parceiro causam conflitos.

No entanto, quando as normas e os valores são claramente expostos e sistematicamente aplicados, os filhos conseguem adaptar-se com mais tranquilidade à desafiante situação. O passar do tempo e a garantia de qualidade de relacionamento e cuidado dispensado pela figura parental com quem mora, junto com a assiduidade e o vínculo com a figura parental com quem não mora, permitem à criança diferenciar o conflito conjugal da relação com ela própria, controlando o medo da rejeição e de abandono (SOUZA, 2000).

Na separação e segunda união, o grande problema para os filhos, e talvez para os pais, é a falta de comunicação clara, verdadeira e afetuosa sobre a separação e o recasamento. As crianças não perguntam e os pais concluem que está tudo bem. Os filhos ficam confusos e, tentando proteger os pais e/ou a si mesmos, acabam comunicando o sofrimento e a tristeza através de sintomas.

Por isso, as informações que os pais fornecem aos filhos sobre a separação conjugal e o recasamento são fundamentais para o processo de reorganização da vida familiar, sendo também importante fazê-los conhecer quais os possíveis focos de estresses, antecipando as possíveis mudanças na rotina familiar e as defasagens entre expectativas e consequências previsíveis, procurando, ademais, prever e explicar as alterações imaginadas e reais no cotidiano como inevitáveis, para não gerar uma situação grave de imprevisibilidade ambiental. Dessa forma, os filhos podem enfrentar com muito mais facilidade todo o processo de divórcio, pois são informados de antemão sobre o que devem esperar (SOUZA; RAMIRES, 2006; HETHERINGTON; KELLY, 2003; SOUZA, 2000).

CAPÍTULO 6

A Igreja Católica e a família

Mãe e mestra de todos os povos, a Igreja Universal foi fundada por Jesus Cristo, a fim de que todos, vindo no seu seio e no seu amor, através dos séculos, encontrem plenitude de vida mais elevada e penhor seguro de salvação. A esta Igreja, "coluna e fundamento da verdade" (1Tm 3,15), o seu Fundador Santíssimo confiou uma dupla missão: de gerar filhos e de educá-los e dirigi-los, orientando, com solicitude materna, a vida dos indivíduos e dos povos, cuja alta dignidade ela sempre desveladamente respeitou e defendeu (João XXIII, Carta Encíclica *Mater et Magistra* [MM], 1961, n. 1).

A Igreja, desde seu início, tem-se preocupado e ocupado com a família, por ver nessa instituição natural uma realidade visível da presença de Deus, aparentemente conhecida e vivenciada por todos os seres humanos.

[...] Consciente de que o matrimônio e a família constituem um dos bens mais preciosos da humanidade, a Igreja quer fazer chegar a sua voz e oferecer a sua ajuda a quem, conhecendo já o valor do matrimônio e da família, procura vivê-lo fielmente, a quem, incerto e ansioso, anda à procura da verdade e a quem está impedido de viver livremente o próprio projeto familiar. Sustentando os primeiros, iluminando os segundos e ajudando os outros, a Igreja oferece o seu serviço a cada homem interessado nos caminhos do matrimônio e da família [...] (João Paulo II, Exortação Apostólica *Familiaris Consortio* [FC], 1981, n. 1).

A família é o lugar apropriado das relações de plena reciprocidade e confiança, espaço privilegiado para que todos desempenhem suas funções de cônjuges, de pais e de filhos na transmissão de valores, de inter-relacionamentos e de reforço da solidariedade entre gerações.

Contudo, essa realidade própria da natureza humana não se reduz a uma verdade visível, a conceitos e pesquisas científicas, mas vai além das relações humanas e se constitui em um grande Mistério, que ultrapassa os condicionamentos humanos (cultural e social).

A verdade do Mistério também se faz notar quando se constata que, apesar das numerosas mudanças que sofreu, sofre e sofrerá no decorrer do tempo, nas diversas culturas e sociedades, pelos fatores históricos e socioculturais de cada época, a família emerge como realidade fundamental para o delineamento da identidade humana e social, empenhando-se em reorganizar aspectos de sua realidade que o ambiente sociocultural vai alterando, reagindo aos condicionamentos externos e, ao mesmo tempo, adaptando-se a eles. Assim, nesse contexto, ela encontra novas formas de estruturação que, de alguma maneira, a reconstituem.

Por fim, a Igreja se preocupa com a família porque, no dizer de Paulo VI, em sua Exortação Apostólica *Evangelii Nuntiandi* (EN), na sua missão de evangelizar tem o mandato missional de levar a Boa-Nova, que é Jesus Cristo, também à família.

Na sua missão evangelizadora, a Igreja não cria sua verdade, nem mesmo seus ensinamentos, mas conserva, propaga, confessa e defende o grande patrimônio confiado a ela pelo seu fundador. Ela, a Igreja, não se estabelece no mundo na visão do próprio mundo, mas ressignifica o cotidiano humano através do Evangelho, e o transcende como realidade orientada para o céu.

Nascida da missão, pois, a Igreja é por sua vez enviada por Jesus, a Igreja fica no mundo quando o Senhor da glória volta para o Pai.

Ela fica aí como um sinal, a um tempo opaco e luminoso, de uma nova presença de Jesus, sacramento da sua partida e da sua permanência. Ela prolonga-o e continua-o. Ora, é exatamente toda a sua missão e a sua condição de evangelizado, antes de mais nada, que ela é chamada a continuar (EN, n. 15)

6.1 A família: instituição natural

A doutrina católica em relação à família fundada no matrimônio entende que não é uma criação do poder público, nem construção de uma cultura, ou mesmo do querer humano, muito menos da opinião da maioria das pessoas; porém, é uma instituição natural e originária, correspondente ao desígnio do Criador "desde o princípio" (Mt 19,4).

Esse aspecto natural, escrito em um dos relatos mais antigos que temos da origem da família, se encontra no início do livro do Gênesis. No início, conforme nos narra esse trecho bíblico, o ser humano foi criado, isto é, querido por Deus, em dois sexos, e deve assim realizar o plano do Criador.

Adão como o homem e Eva como a mulher. Trata-se de uma situação própria da raça humana, uma realidade que, desde o início, está presente na história da humanidade. Essa condição humana tem uma tarefa a executar no mundo, uma exigência natural objetiva, que tem sua finalidade unitiva por não se realizar na solidão: "Não é bom que o homem esteja só" (Gn 2,18); e sim na geração de filhos: "Sede fecundos", disse Deus, "e multiplicai-vos, enchei a terra e submetei-a" (Gn 1,28).

Esse relato bíblico não só nos apresenta uma constituição humana de ser homem ou mulher, mas a própria identidade: "[...] osso dos meus ossos e carne da minha carne" (Gn 2,23); e a união: "eles serão uma só carne" (Gn 2,24). O Criador estabelece para o ser humano uma relação total de unidade em nível antropológico, do princípio ontológico da unidade, um com o outro, de modo estável, com tamanha intensidade que se forma um só nas suas respectivas diversidades como ser feminino e masculino (cf. *Catecismo da Igreja Católica* [CIC], nn. 369-373).

Essa situação original, mesmo não significando uma duração histórica, conserva seu valor enquanto indica o querer original do Criador, ao qual o ser humano, por Cristo, deve ser regenerado.

Com essas revelações bíblicas podemos dizer que a família se origina no querer de um Deus amor, que cria o ser humano como ser de relações. Assim, a família nasce de um querer divino, portanto, uma Instituição Natural.

6.2 Família: unidade e indissolubilidade

A família como instituição natural tem como propriedades essenciais a unidade e a indissolubilidade.

A unidade matrimonial é a propriedade natural pela qual somente poderá existir vínculo matrimonial válido entre um homem e uma mulher. Opõe-se, assim, à poligamia e à poliandria.[1] Tal unidade determinada na criação é restaurada por Cristo integralmente, revogando toda dispensa (Mt 19,11). Isso quer dizer que uma pessoa não pode estar unida simultaneamente por dois vínculos conjugais (Mc 10,11s; Lc 16,18; 1Cor 7,10s; Mt 5,31s).

A indissolubilidade na união conjugal é a impossibilidade da dissolução do vínculo conjugal, a não ser por morte de um dos cônjuges. Essa propriedade do matrimônio não se baseia apenas no Evangelho ou no comportamento dos cônjuges, mas deriva da própria lei natural. A união é tão íntima e plena que não se admitem restrições: os cônjuges se doam sem reservas; um tema discutido, há séculos, entre os teólogos. Quanto ao fundamento natural, o Concílio Vaticano II, em especial na *Gaudium et Spes*

---

[1] Poligamia é a união de um homem com várias mulheres e poliandria, de uma mulher com vários homens, conforme descrito no capítulo 1.

(GS, nn. 48, 49, 50), afirma ser essa propriedade um bem tanto dos cônjuges e dos filhos, como da sociedade (GRINGS, 1992).

O Papa João Paulo II discorre brilhantemente sobre o assunto da indissolubilidade do matrimônio em seu discurso aos membros do Tribunal da Rota Romana, em 28 de janeiro de 2002, como um bem e beleza para os casais, filhos, Igreja e sociedade. O Papa pede que seja superada a visão da indissolubilidade como um limite à liberdade, um peso insuportável para os casais, ou mesmo uma imposição de uma norma da Igreja Católica, mas um simples e misterioso ideal que os une para sempre e que vai exigir um amor sempre renovado, generoso e pronto para o sacrifício.

Partindo da Sagrada Escritura, no mesmo discurso, o Papa da família vê na resposta de Jesus a alguns fariseus e depois aos discípulos acerca do divórcio (Mt 19,3-12) a superação radical das questões em torno da indissolubilidade: "Moisés permitiu despedir a mulher, por causa da dureza do vosso coração. Mas não foi assim desde o princípio" (Mt 19,8).

E João Paulo II exorta, nesse mesmo discurso, os seus ouvintes com estas palavras:

> Segundo o ensinamento de Jesus, foi Deus quem uniu com o vínculo conjugal o homem e a mulher. Certamente, esta união realiza-se através do livre consentimento de ambos, mas esse consentimento humano versa sobre um desígnio que é divino. Por outras palavras, é a dimensão natural da união, e mais concretamente a natureza do homem plasmada pelo próprio Deus, que fornece a indispensável chave de leitura das propriedades essenciais do matrimônio. O seu ulterior fortalecimento no matrimônio cristão através do sacramento (cân. 1056) baseia-se num fundamento de direito natural, sem o qual se tornariam incompreensíveis a própria obra salvífica e a elevação que Cristo realizou de uma vez para sempre a respeito da realidade conjugal.

Partindo da consideração da unidade e da indissolubilidade conjugal como direito natural, é fundamento de especial firmeza a dimensão do sacramento, não só porque eficaz, mas também enquanto símbolo da união de Cristo e da Igreja. Assim como Cristo unido à sua Igreja, também o matrimônio não pode existir a não ser na união de um homem e uma mulher. E, ainda, como a união de Cristo com a Igreja é indissolúvel, também o matrimônio deve ser, quer na sua dimensão interna, pela vontade e consentimento dos cônjuges, quer na sua dimensão externa, por nenhum motivo ou circunstância, ou mesmo autoridade (GRINGS, 1992).

Cristo renova o desígnio primitivo que o Criador inscreveu no coração do homem e da mulher, e, na celebração do sacramento do Matrimônio, oferece um "coração novo": assim os cônjuges podem não só superar a "dureza do coração", mas também e sobretudo compartir o amor pleno e definitivo de Cristo, nova e eterna Aliança feita carne. Assim como o Senhor Jesus é a "testemunha fiel", é o "sim" das promessas de Deus e, portanto, a realização suprema da fidelidade incondicional com que Deus ama o seu povo, da mesma forma os cônjuges cristãos são chamados a uma participação real na indissolubilidade irrevogável, que liga Cristo à Igreja, sua esposa, por ele amada até o fim (FC, n. 20).

Para a doutrina católica, a família é, portanto, uma instituição divina fundada na união una e indissolúvel, iniciada no consentimento dos esposos, ordenada para o amor conjugal e para a procriação e educação dos filhos (Mc 10,11s; Lc 16,18; Mt 5,31s; 1Cor 7,10s), e elevada por Jesus Cristo à dignidade de sacramento pelo Matrimônio.

Essa afirmação da Igreja em relação à família é assumida sistematicamente por Pio XI, na Carta Encíclica *Casti Connubi* (CC, 1930), quando escreve:

O Matrimônio não foi instituído ou restaurado pelo homem, mas por Deus; não foram feitas pelo homem as leis que reforçam, confirmam e elevam o Matrimônio, mas por Deus, autor da natureza, e por Cristo Nosso Senhor, por quem a natureza foi redimida; por isso, essas leis não podem estar sujeitas a decretos humanos nem a qualquer pacto contrário dos próprios esposos (n. 5).

Paulo VI reassume essa doutrina na Carta Encíclica *Humanae Vitae* (HV, 1968). A família fundada no Matrimônio é, na realidade, uma sábia e adequada instituição de Deus Criador, cujo objetivo é realizar no ser humano o seu desígnio de amor. Em consequência, marido e mulher, mediante a entrega mútua de si próprios, que é específica e exclusiva para eles, tendem para a comunhão das pessoas, na qual se aperfeiçoam mutuamente, cooperando com Deus na geração e cuidado de novas vidas. O Matrimônio dos batizados está, além disso, revestido da dignidade de sinal sacramental da graça, pois representa a união de Cristo com a Igreja (n. 8).

Em continuidade com os seus predecessores, João Paulo II, na Exortação Apostólica *Familiaris Consortio* (1981), descreve que:

A instituição matrimonial não é uma ingerência indevida da sociedade ou da autoridade, nem a imposição extrínseca de uma forma, mas uma exigência interior do pacto de amor conjugal que publicamente se afirma como único e exclusivo, para que seja vivida assim a plena fidelidade ao desígnio de Deus Criador (n. 11).

Por fim, Bento XVI, na "Mensagem para a Celebração do Dia Mundial da Paz" (2008), retoma novamente a doutrina católica, quando diz que a família natural, enquanto comunhão íntima de vida e de amor fundada sobre o Matrimônio entre um homem e uma mulher, constitui:

[...] o lugar primário da humanização da pessoa e da sociedade, o berço da vida e do amor. Por isso, a família é justamente designada como a primeira sociedade natural, uma instituição divina colocada como fundamento da vida das pessoas, como protótipo de todo o ordenamento social (n. 2).

De modo orgânico, o CIC (1993) expõe a fé católica sobre a natureza da família no plano de Deus, quando descreve:

> A comunidade conjugal assenta sobre o consentimento dos esposos. O matrimônio e a família estão ordenados para o bem dos esposos e para a procriação e educação dos filhos. O amor dos esposos e a geração dos filhos estabelecem, entre os membros de uma mesma família, relações pessoais e responsabilidades primordiais (n. 2201).
>
> Um homem e uma mulher, unidos em matrimônio, formam com os seus filhos uma família. Esta disposição precede todo e qualquer reconhecimento por parte da autoridade pública e impõe-se a ela. Deverá ser considerada como a referência normal, em função da qual serão apreciadas as diversas formas de parentesco (n. 2202).

Ao criar o homem e a mulher, Deus instituiu a família humana e dotou-a da sua constituição fundamental. Os seus membros são pessoas iguais em dignidade. Para o bem comum dos seus membros e da sociedade, a família implica uma diversidade de responsabilidades, de direitos e de deveres (n. 2203).

Como a família é fundada no Matrimônio,[2] ela é entendida como uma "íntima comunidade de vida e de amor conjugal, em

---

[2] A palavra "matrimônio" (do latim de *mater, matrimonium*) indica, acima de tudo, a maternidade. Sugere que um deve cuidar e zelar pelo outro tanto no sentido material como espiritual, assim como faz a mãe. Já a palavra "conjugal" deriva do latim *conjungere*, no sentido de que ambos (esposa e esposo) estão legitimamente sujeitos ao mesmo jugo.

vista do bem tanto dos esposos e da prole como da sociedade" (GS, n. 48), que em Cristo se torna *Igreja Doméstica*, porque ela é comunidade de fé, de esperança e de amor (CIC, n. 2204), e, ainda, *célula originária da vida social*, pois a vida de família é uma iniciação à vida da sociedade (CIC, n. 2207).

As leis eclesiásticas, em sintonia com toda a doutrina, consideram a aliança matrimonial, pela qual o homem e a mulher constituem entre si uma comunhão da vida toda, ordenada por sua índole natural ao bem dos cônjuges e à geração e educação da prole, e foi elevada, entre os batizados, à dignidade de sacramento (cân.[3] 1055, 01). Portanto, entre batizados não pode haver contrato matrimonial válido que não seja, ao mesmo tempo, sacramento (cân. 1055, 02).

> O dom do sacramento é, ao mesmo tempo, vocação e dever dos esposos cristãos, para que permaneçam fiéis um ao outro para sempre, para além de todas as provas e dificuldades, em generosa obediência à santa vontade do Senhor: "O que Deus uniu, não o separe o homem" (FC, n. 20).

Nesse sentido, para os batizados, a segunda união de casais unidos pelos laços do Matrimônio, sacramentalmente válido e consumado, se encontra numa realidade que a Igreja considera como situação irregular.

Essa situação irregular impossibilita a Igreja de reconhecer como válida essa segunda união, pela não comunhão com as propriedades essenciais do Matrimônio: a unidade e a indissolubilidade. Qualquer nova união contraída por um dos cônjuges enquanto o outro ainda vive é tida como violação ilícita do vínculo

---

[3] Para facilidade da leitura, esses cânones serão citados da forma utilizada em documentos da Igreja, ou seja, "cân." indicando cânone e "câns.", cânones, e seguidos de um número que diz respeito à ordem em que estão registrados no *Código de Direito Canônico* de 1983.

sacramental anterior, violação que gera um estado de vida contrária ao Plano do Criador.

Contudo, a Igreja Católica, com um longo percurso histórico de preocupação e solicitude para com as uniões que se encontram em situação irregular e como Mãe que é, se mantém atenta e acolhedora com os seus filhos batizados que contraíram uma união, contrária ao Plano do Criador, através do princípio da misericórdia e da verdade. Procura acolher e orientar os casais em segunda união, em particular na América Latina e mais especificamente no Brasil.

CAPÍTULO 7

Percurso histórico-documental da Igreja no Brasil sobre a segunda união

A Igreja Católica no Brasil segue de perto as pegadas da renovação conciliar e o pensamento do Episcopado Latino-Americano, em especial as Conferências Gerais do Episcopado Latino-Americano realizadas nas cidades de Medellín, na Colômbia, em 1968, em Puebla, no México, em 1979, em Santo Domingo, na República Dominicana, em 1992, e em Aparecida, no Brasil, em 2007. Os documentos da Igreja no Brasil que se dirigem à família, frutos do Concílio Vaticano II, são incorporados e adequados à realidade da América Latina, nos documentos das Assembleias Gerais do Episcopado Latino-Americano, e atualizados nos documentos do episcopado brasileiro.

Nesse contexto, não se pode deixar de mencionar a trajetória e os desafios históricos que a Igreja no Brasil enfrentou e que muito a prepararam para acolher com propriedade as novas orientações do Concílio Vaticano II.

A partir da década de 1970, surge uma maior preocupação e atuação evangelizadora da Igreja Católica junto à família e aos casais em segunda união, concretamente presentes nos diversos documentos elaborados pela Igreja. Não se pretende esgotar o pensamento dessa instituição sobre a família, nem mesmo no que se refere aos casais em segunda união. Antes, importa elencar um conjunto de documentos do episcopado brasileiro, através dos quais é possível identificar os eixos estruturadores do desenho católico de família.

Ocorre que, a partir de 1970, a priorização dos documentos sobre a família é deslocada para a reafirmação do seu "sentido" e da sua "dignidade", com recorrência às bases da doutrina, buscando fazer frente às discussões sobre o controle do aumento da população, que se alastravam progressivamente em torno do "Ano da População", decretado pela ONU em 1974.

Atendendo à orientação do Vaticano, no Brasil, a CNBB[1] lança em 1974 o documento "Família, Mudanças e Caminhos", que promove uma ampla discussão sobre a situação real em que se encontra a família brasileira, nas diferentes áreas geográficas e nos diversos meios socioeconômicos (RIBEIRO, 1997). O documento se preocupa também com as famílias problematizadas devido a matrimônios mistos, casamentos sem fé ou asfixiados pelo ateísmo do ambiente, casamentos de divorciados ou separados, mães solteiras, mulheres divorciadas com filhos, situação de viuvez e outras questões. O que se propõe é que não se pode mais concentrar a pastoral nas famílias batizadas e bem constituídas sacramental e socialmente.

A partir da XIV Assembleia Geral dos Bispos do Brasil, realizada em 1974, o Plano Bienal 1975/1976 contempla, como uma das prioridades, a Pastoral Familiar, como se pode acompanhar no documento "Em favor da família", que é estruturado em três

---

[1] A Conferência dos Bispos, organismo permanente, é a reunião dos bispos de uma nação ou de determinado território, que exercem conjuntamente certas funções pastorais em favor dos fiéis do seu território, a fim de promover o maior bem que a Igreja proporciona aos homens, principalmente em formas e modalidades de apostolado devidamente adaptado às circunstâncias de tempo e lugar, de acordo com o direito (cânone 447). No Brasil, a CNBB surgiu em 1953, sendo na atualidade umas das Conferências Episcopais com estrutura mais desenvolvida.

itens. O primeiro deles, sobre aspectos sociopolíticos, trata da indissolubilidade do vínculo matrimonial como exigência do progresso social e apresenta as razões e contrarrazões dos divorcistas. O item referente aos aspectos teológico-pastorais considera a indissolubilidade do vínculo conjugal como "mandamento do Senhor e exigência do amor", enquanto o último item discute as tarefas que se impõem para a promoção da família, apontando os requisitos para uma política familiar e algumas sugestões para uma Pastoral da Família na América Latina (RIBEIRO, 1997).

Apesar de a Igreja ter um poder muito grande de pressão sobre o Estado, nesse período uma parte dela estava empenhada em lutar contra o regime autoritário. Dessa forma, a promulgação do divórcio não encontra tanta resistência para evitar que se desfizesse definitivamente o vínculo conjugal. Assim, após o divórcio, os ex-parceiros tornam-se novamente livres, no plano jurídico, para realizar novos casamentos.

Preocupada com a promulgação do divórcio, a hierarquia eclesiástica brasileira, em Assembleia Geral Extraordinária, em 1978, aprova e publica o documento n. 12, "Orientações pastorais sobre o Matrimônio", que defende, sobretudo, a indissolubilidade do casamento e manifesta preocupação em relação à criação de uma pastoral dos divorciados. Nesse documento, os bispos requerem das comunidades cristãs e dos agentes de Pastoral Familiar uma atitude de acolhimento e engajamento nas tarefas da comunidade diante dos cônjuges católicos que se separaram pelo divórcio e que constituíram uma segunda família, especialmente com aqueles que procuram a comunidade eclesial e manifestam a vontade de manter com ela um relacionamento mais profundo. O documento expressa uma atitude de autêntica misericórdia, pois a pessoa é mais importante que sua situação.

O episcopado brasileiro ainda apresenta a pastoral dos divorciados como uma realidade nova, um caminho ainda difícil; no entanto, exorta as comunidades eclesiais a buscarem uma pastoral mais humana, com discrição e sabedoria, sem nunca perderem de vista a fidelidade e a verdade, assumindo gradativamente atitudes mais coerentes com a misericórdia cristã.

No final da década de 1980, cresce na Igreja a consciência de que a situação da sociedade é profundamente diversa daquela da época pós-conciliar. A missão evangelizadora se dá numa sociedade pluralista, secularizada, estruturada sobre valores da modernidade.

A respeito da dignidade humana diante da escalada da permissividade moral, do planejamento familiar e da campanha pela liberalização do aborto, a CNBB apresenta o documento "Valores básicos da vida e da família", em 14 de fevereiro de 1980, recolhendo proposta para o Sínodo Mundial[2] de 1980. Os bispos recomendam, de modo especial, que sejam examinadas e aprofundadas algumas orientações sobre a pastoral dos divorciados recasados, propõem um cuidado pastoral com famílias incompletas e com os divorciados e/ou desquitados que se casam de novo. Ouvindo as bases, tanto na reflexão teológica quanto na ação pastoral, o episcopado brasileiro sugere uma pastoral de amor misericordioso, com a aceitação da condição humana sujeita à fragilidade e ao fracasso, para se evitarem marginalizados e humilhados dentro da Igreja.

Outro momento que contribuiu para uma verdadeira atenção pastoral da Igreja Católica aos casais em segunda união foi a conclamação, por parte do Papa João Paulo II aos bispos do mundo inteiro, para o Sínodo dos Bispos sobre "Matrimônio e família no mundo contemporâneo". Realizado em 1980, em Roma, os padres sinodais, entre outros aspectos, preocuparam-se em ser práticos na questão dos sacramentos para os divorciados

---

[2] Sínodo é uma assembleia regular de párocos convocada pelo bispo local. No exercício de seu serviço, o Romano Pontífice é assistido pelos bispos, que podem cooperar com ele de diversos modos, entre os quais, pelo Sínodo dos Bispos.

recasados, comparando a orientação da Igreja com a prática pastoral de outras confissões cristãs não católicas, sobretudo da Igreja do Oriente,[3] em que o princípio da misericórdia aplica-se de maneira diferente na situação dos casais que se separam e querem se casar novamente (SCAMPINI, 1994).

Alguns bispos, principalmente da América do Norte, Índia, Inglaterra, Escandinávia e do Canadá, e alguns patriarcas sírios, gregos e melquitas católicos, fizeram várias intervenções no Sínodo, propondo uma renovação da pastoral no que diz respeito aos recasados, realizando ainda sérias indagações, solicitando uma atitude de maior benignidade, tendo como modelo a experiência positiva de outras confissões cristãs não católicas, sobretudo a Igreja Oriental Ortodoxa (SCAMPINI, 1994).

---

[3] A novidade do Sínodo é a Proposição 14,6, aprovada quase unanimemente pelos bispos. É tão importante que a transcrevo integralmente: "Movido por solicitude pastoral para com estes fiéis, o Sínodo deseja que se ponha em ato uma nova e mais profunda pesquisa, tendo em consideração também a práxis das Igrejas Orientais, com a finalidade de tornar ainda mais completa a misericórdia pastoral" (*Sinodo dei Vescovi sulla Famiglia, Le 43 proposizioni, in regno* – Doc. 13 [1991] 390).
Mesmo que a *Familiaris Consortio* de João Paulo II, em 1981, não tenha assumido essa proposta, ela é o pensamento do episcopado mundial. Quem são as Igrejas Orientais? A primeira Igreja era uma só no mundo inteiro. Depois do primeiro milênio, uma parte da Igreja com sede em Constantinopla, por motivos políticos, separou-se da Igreja de Roma (Cisma de 1054 d.C.). Assim ficaram duas Igrejas: a de Roma ou Latina e a Oriental ou Ortodoxa, com sede em Constantinopla. Enquanto as duas Igrejas eram unidas, tiveram ambas uma atitude de misericórdia para com os divorciados recasados (atitude esta que se chamou em grego de *Oikonomia*), permitindo, após um período de penitência, o acesso aos sacramentos da Reconciliação e da Eucaristia, recebendo o casal de segunda união uma bênção de penitência, nunca o sacramento do Matrimônio. Depois dessa separação, a Igreja Oriental continuou mais visivelmente a atitude de misericórdia, enquanto a Latina não. João Paulo II costumava dizer que a Igreja de Cristo tem dois pulmões: a Igreja Latina e a Oriental, para mostrar a estima da nossa Igreja para com a Igreja Oriental (SCAMPINI, L. Palestra sobre o número 84 da *Familiaris Consortio*, 2004).

Nesse quadro de inquietações, questionamentos e crescentes mudanças e renovações, o Papa João Paulo II escreve e publica, em 1981, a Exortação Apostólica "A missão da família cristã no mundo de hoje" – *Familiaris Consortio*[4] –, referindo-se diretamente à família. Esse documento pontifício foi fundamental para uma abertura mundial à situação dos casais em segunda união. Além de sintetizar todas as principais questões referentes à família, lança elementos fundamentais para a Pastoral Familiar e, no número 84, elabora diretrizes sobre o acolhimento, a evangelização e ação pastoral ante os casais divorciados e/ou separados que contraem segunda união. Recomenda que seja examinada e aprofundada a pastoral dos divorciados recasados, aceitando que a condição humana é sujeita à fragilidade e ao fracasso. Afirma que os divorciados recasados não são separados da Igreja, sendo convidados a participarem da vida e missão da Igreja, nos limites exigidos pela sua condição particular. E recorda, ainda aos pastores, a grave responsabilidade de bem discernir as diversas situações desses casais, por amor à verdade.

O *Código de Direito Canônico* (CDC) é reformado em 1983[5] sob as luzes do Concílio Vaticano II, reafirmando a unidade e a

---

[4] Uma Exortação como, por exemplo, a *Familiaris Consortio* é uma pregação coletiva, visto que é exortação apostólica, servindo de guia para o comportamento dos fiéis, sem ter um caráter dogmático. Tem menor peso do que uma Encíclica, expressão do consenso da Igreja universal, cujo crédito pode chegar a equiparar-se ao de uma Constituição. No entanto, não há cisão entre ambas nem contradição. Apesar disso, a Exortação *Familiaris Consortio* tem uma importância maior do que uma Exortação comum, pois sua publicação foi aprovada num Sínodo (1980), além de estar calcada na Encíclica *Gaudium et Spes* (1965), que possui caráter dogmático e pastoral (Lisboa, 1987).

[5] O Código de Direito Canônico foi renovado em 1983. No Código anterior (1917), o matrimônio é visto mais sob o prisma jurídico de contrato. Por isso, fala-se em direitos e deveres, em impedimentos e penalidades. Também parece um direito mais baseado sobre as leis biológicas, como o instinto sexual, do que sobre o amor recíproco. A mulher é avaliada principalmente na sua função procriadora. Ora, no Direito Canônico de 1983

indissolubilidade do matrimônio como propriedades perenes, em virtude do sacramento (cân. 1056). O Código considera válidos, e com caráter sacramental, todos os casamentos de batizados e estabelece que o matrimônio válido é indissolúvel por natureza. Nem mesmo os cônjuges, nem qualquer outra pessoa, podem dissolver tal vínculo conjugal, fundamentando-se nas Escrituras, na Tradição, no Magistério[6] e na razão humana (ROMAN, 1999).

Contudo, a renovação do Código foi também de fundamental importância para os casais em segunda união, pois considera o matrimônio como "comunidade de vida" e utiliza o termo "pacto". Assim, os divorciados recasados não são mais considerados "infames", isto é, pecadores públicos, excomungados, como era prescrito no Código de 1917 (cân. 2356), pois, pelo Batismo, eles sempre fazem parte, e com todo direito, da vida da Igreja. Convém mencionar que não se encontra no novo Código nenhum aceno direto aos divorciados recasados.

Em relação à família, a *Familiaris Consortio* e a renovação do Código de Direito Canônico inauguram a década de 1980 reiterando os ensinamentos do Vaticano II, subsidiando e corroborando as posições que a Igreja Católica no Brasil defendeu ao longo dos anos 1970. E abrem oportunidades para se aproveitar ao máximo as possibilidades pastorais, no que se refere aos casais católicos em segunda união, que estão atualmente abertas (HÄRING, 1999).

---

respira-se novo ar dos progressos teológicos do Concílio Vaticano II, pois, no cân. 135, enaltece-se o matrimônio como uma "comunidade de vida". Para definir o matrimônio, o novo Código usa a palavra "pacto" (cân. 1055), enquanto o de 1917 utilizava o termo jurídico de "contrato". Nota-se uma nova mentalidade e atitude, uma vez que o presente Código (cân. 1318) pede que não se aplique a censura, sobretudo a excomunhão, senão com a máxima moderação e somente por delitos graves (SCAMPINI, 1994).

[6] Magistério da Igreja é o ofício de interpretar autenticamente a Palavra de Deus escrita ou transmitida, cuja autoridade se exerce em nome de Jesus Cristo, isto é, aos bispos em comunhão com o sucessor de Pedro, o Bispo de Roma (CIC, n. 85).

No Brasil, em 1989, motivados por certa "abertura" e por algumas possibilidades pastorais concretas com as famílias que vivenciam a segunda união, iniciam-se várias assembleias, encontros, reuniões e a elaboração de documentos voltados para a necessidade urgente da pastoral dos casais em segunda união. Em Belo Horizonte, acontece o I Encontro dos Movimentos e Institutos Familiares com a Pastoral Familiar, promovido pelo Setor Família da CNBB. No primeiro esboço de Plano de Trabalho de uma Pastoral Familiar para o Brasil, encontra-se a preocupação de estabelecer atividades pastorais para atender aos chamados "casos difíceis", em especial os casais separados, divorciados e recasados.

No mesmo ano, em Brasília, realiza-se o I Encontro de Coordenação Nacional de Pastoral Familiar, promovido pelo Setor Família da CNBB, quando é concretizada oficialmente a Comissão Nacional de Pastoral Familiar da CNBB. Nos debates, estudos e nas conclusões desse evento encontra-se a necessidade de a Pastoral Familiar atender também aos separados, divorciados e recasados.

O Setor Família da CNBB empenha-se para organizar o Planejamento Anual das Atividades da Comissão Nacional da Pastoral Familiar, estabelecendo, em 1990, estudos e diretrizes para viabilizar, motivar e desenvolver a atuação da Pastoral Familiar em todas as suas etapas, destacando a atenção e o apoio às famílias consideradas "casos difíceis" ou em situações irregulares. Entre as sugestões está a de criar o Setor de Casos Difíceis nas Comissões Diocesanas e Paroquiais de Pastoral Familiar, para atender aos casais que se separam ou se divorciam e voltam a se unir novamente. A atuação com esses "casos difíceis" passa do âmbito da Igreja nacional para as dioceses[7] e, consequentemente, para as Paróquias.

---

[7] A diocese é uma porção do povo de Deus confiada ao pastoreio do bispo com a cooperação do presbitério, de modo tal que, unindo-se ela a seu pastor e, pelo Evangelho e pela Eucaristia, reunida por ele no Espírito Santo, constitua uma Igreja particular, na qual está verdadeiramente presente

Ainda em 1990, acontece o II Encontro Nacional da Pastoral Familiar e o II Encontro dos Movimentos e Institutos Familiares, realizados em Brasília, que procuravam lançar orientações e diretrizes para os casais em segunda união, na busca de integrá-los na comunidade cristã, e ainda instruir e estimular a regularização das situações matrimoniais junto aos Tribunais Eclesiásticos.

Outro fator para a implantação da pastoral dos casais em segunda união, nas várias regiões do Brasil, foi a visita *ad limina*[8] a Roma dos bispos do Brasil, em 1990. O Papa João Paulo II indica os graves problemas que ameaçam a família brasileira, destacando em primeiro lugar a extrema fragilidade do casamento, que causa a dissolução da família e inúmeras separações, sobretudo pela influência negativa da mídia e de uma legislação relativa ao divórcio muito permissiva.

Na década de 1990, começam a surgir maior preocupação sistemática e atuação concreta com os casos difíceis. Como são uma realidade nova, a Igreja não dispõe de uma nomenclatura única. No caso dos casais em situação irregular pela segunda união, são denominados nos documentos pontifícios como "casais divorciados que voltaram a se casar", e no Brasil, como "casais em segunda união".

Os pioneiros na preocupação com os casais em segunda união foram os regionais Sul 3,[9] em 16 de janeiro, na III Reunião

---

e operante a Igreja de Cristo una, santa, católica e apostólica (cân. 369), delimitada por um território geográfico (CDC, 1983).

[8] No ano em que é obrigado a apresentar o relatório ao Sumo Pontífice, salvo determinação contrária da Sé Apostólica, o Bispo diocesano deve ir a Roma para venerar os sepulcros dos Apóstolos Pedro e Paulo e apresentar-se ao Romano Pontífice. Essa visita se chama *ad limina apostolorum* (CDC, cân. 400).

[9] O território brasileiro é dividido por regiões. A CNBB, partindo das posições geográficas dessas localidades, organiza os chamados regionais, que normalmente agrupam dioceses e províncias eclesiásticas. Por exemplo, o Sul 3 corresponde à arquidiocese de Porto Alegre e o Sul 1, à arquidiocese de São Paulo.

da Comissão de Pastoral, e Sul 1, em 25 de junho, na Comissão Episcopal Regional Sul 1.

A partir desses acontecimentos, começam a suceder nas diversas localidades brasileiras encontros e reuniões para tratarem da temática dos casais divorciados e em segunda união. A busca de soluções para a integração e acolhida desses casais começa a fazer parte dos encontros nacionais de Pastoral Familiar. E em quase todos os boletins, livros e congressos relacionados à temática família, emerge expressamente essa preocupação.

Em 1991, o Planejamento Estratégico para a Ação da Comissão Nacional da Pastoral Familiar motiva a formação de agentes da Pastoral Familiar para os casos difíceis. E procura fazer um levantamento da realidade brasileira dos casais em segunda união; tal pesquisa foi concluída em 1995.

As *Diretrizes Gerais da Ação Pastoral da Igreja no Brasil – 1991-1994* constituem outro grande apoio para as pastorais dos casais em segunda união. Dentro da caminhada histórica dos documentos que se referem à criação da Pastoral dos Casais em Segunda União, as Diretrizes destacam os desafios e respondem a eles, orientando os fiéis católicos a entenderem e perceberem as mudanças ocorridas no campo da família, indicando três aspectos particularmente importantes. O primeiro refere-se ao individualismo e à emergência da subjetividade (mais frequente entre as camadas média e alta, que dispõem de mais recursos para fazer o que desejam), que atingem a todos pela difusão de valores e padrões culturais de consumo, tidos como "modernos" ou "avançados". O segundo reporta-se ao pluralismo cultural e religioso que se contrapõe à sociedade tradicional, que tendia a reduzir ou a submeter todos a uma única cultura, religião e visão do mundo, e que dá lugar a um universo diferenciado e pluriforme, o qual se manifesta num amplo leque de posições no plano religioso e ético. Por último, inclui os efeitos negativos da indústria cultural.

Assim, as famílias que tinham como eixo e referência a religião, agora devem adaptar-se à sociedade moderna, voltada de forma obsessiva para a produção e o consumo de bens. Segundo o episcopado brasileiro, essa realidade conduz à desorientação das famílias, ao mesmo tempo em que torna mais difícil e necessária a tarefa educativa para ajudar a criança e o jovem a adquirirem uma personalidade madura, capaz de opções firmes e discernimento crítico dos valores.

Em 1991, em Recife-PE, no III Encontro da Pastoral Familiar, é apresentado um Painel da Pastoral Familiar nas Situações Irregulares, demonstrando o trabalho evangelizador no acolhimento, orientação e integração dos divorciados e casais em segunda união.

A CNBB, em 1992, publica o caderno de Estudos n. 65, "Pastoral Familiar no Brasil", e destaca a importância e a necessidade de uma ação específica para os chamados casos difíceis.

A Comissão Nacional da Pastoral Familiar, em 1992, organizou o Instituto Nacional da Pastoral Familiar – INAPAF, com o objetivo de formar agentes de Pastoral Familiar. Dentre as fases, o INAPAF dedicou dois módulos para o chamado Setor Casos Especiais, não mais casos "difíceis".

Reafirmando o acolhimento e a comunhão para com os casais em segunda união, a Igreja, no *Catecismo da Igreja Católica* (1993), em seu número 1650, retoma os ensinamentos da *Familiaris Consortio* (1981) e do *Código de Direito Canônico* (1983), e decreta que os sacerdotes e toda a comunidade deem provas de uma solicitude atenta aos cristãos católicos em segunda união, que geralmente conservam a fé e desejam educar cristãmente seus filhos, para que estes não se considerem separados da Igreja, ressaltando que, como são batizados, podem e devem participar da vida da Igreja.

À luz das *Diretrizes Gerais da Ação Pastoral da Igreja no Brasil* – 1991-1994, a CNBB, em 1994, reconhece a importância da evangelização das famílias não evangelizadas, bem como das famílias evangelizadas, mas que não se tornaram praticantes, e das famílias em situações irregulares (Estudos da CNBB, n. 64).

Ainda em 1994, por iniciativa pastoral, a CNBB escolhe o tema "família" para a Campanha da Fraternidade,[10] em consonância com o Ano Internacional da Família, decretado pela ONU, com o objetivo de redescobrir os valores da família como lugar de encontro, espaço de vivência humana, ponto de partida de um mundo mais tolerante e de acordo com o Plano de Deus.

A hierarquia da Igreja Católica no Brasil reconhece também o número crescente de famílias, com ou sem filhos, formadas depois do rompimento do matrimônio, e incentiva os agentes da Pastoral Familiar a estarem capacitados para dar maior atenção e desenvolver uma ação especial com os casais em segunda união. Propõe, ainda, a criação de comissões diocesanas e paroquiais.

> Redescobrir os valores da família, lugar de encontro, espaço de vivência humana, ponto de partida de um mundo mais humano e de acordo com o plano de Deus. Juntamente ela quer contribuir na criação de condições sociais e políticas objetivas para que a família possa realizar sua missão, colocando em prática o mandamento do amor fraterno para ajudar a olhar com confiança para um amanhã novo da família, que já pode ser descortinado (Manual da Campanha da Fraternidade, CNBB, 1994, p. 24).

Na 34ª Assembleia Geral da Conferência Nacional dos Bispos do Brasil (17 a 26 de abril de 1996), reunida em Itaici-SP,

---

[10] As Campanhas da Fraternidade são lançadas pela CNBB no início da Quaresma, normalmente com uma temática social, estruturada no método "ver, julgar, agir", e produzem livros, vídeos, letras de cantos e outros subsídios. Têm uma atuação nacional e promovem sempre sugestões de ação social para os agentes de pastoral.

publica-se um Pronunciamento sobre a Família, o qual trata das famílias vivendo em situações irregulares, exorta-as a que se sintam acolhidas e propõe uma busca conjunta de soluções apropriadas.

Com zelo de pastor, o Papa João Paulo II, em 1997, solicita expressamente ajuda para a Congregação para a Doutrina da Fé, a fim de oferecer aos bispos e padres uma orientação mais específica sobre o acompanhamento pastoral dos fiéis divorciados que voltaram a se casar (casais em segunda união). Assim, a Sagrada Congregação publica um livro de orientação intitulado *Sobre a atenção pastoral dos divorciados que voltaram a se casar: documentos, comentários e estudos*, no qual são expostas, de forma pastoral, as intervenções e orientações do Magistério nos trabalhos pastorais com os casais em segunda união. Em 1998, a reunião do Conselho Episcopal Latino-Americano publica o documento *La Pastoral de las Famílias en Situaciones Irregulares*, em Santa Fé de Bogotá, Colômbia, no qual procura fazer uma análise dos documentos mais recentes do Magistério da Igreja e uma reflexão sobre os objetivos da Pastoral Familiar, ao tentar atingir os casais em situações irregulares, em especial os divorciados que voltaram a se casar. Este documento colaborou com a formação doutrinal e estrutural da Pastoral dos Casais em Segunda União, como também, nesse mesmo ano, a publicação do artigo com orientações doutrinais apresentadas por Dom Edvaldo Gonçalves Amaral, Arcebispo de Maceió-AL, com o título "Impedir os recasados de comungar?", no jornal *L'Osservatore Romano*.[11]

Ainda em 1998, acontecem o VIII Congresso Nacional da Pastoral da Família e o IV Encontro Nacional de Assessores da Pastoral Familiar, realizados no Rio de Janeiro, nos dias 4 a 6 de setembro, em que se debate, estuda e reflete, entre outros assuntos, a

---

[11] *L'Osservatore Romano* é o jornal oficial da Santa Sé Apostólica.

dinamização da Pastoral Familiar para atender aos casos difíceis e irregulares (separados, divorciados e recasados).

Em junho de 2000, o setor Vida e Família da CNBB promove, na cidade de Brasília-DF, o I Encontro Nacional de Agentes da Pastoral Familiar, para os casos e situações especiais.

Na 42ª Assembleia Geral dos Bispos do Brasil, em abril de 2004, aprova-se o *Diretório da Pastoral Familiar*, que procura dar diretrizes para a Pastoral Familiar: Casais em Segunda União. Este documento propõe três grandes etapas do trabalho da Pastoral Familiar: *Setor Pré-Matrimonial*, que envolve a preparação dos jovens para o Matrimônio e a vida familiar e inclui, também, a celebração adequada do sacramento do Matrimônio; *Setor Pós-Matrimonial*, que diz respeito ao empenho da Igreja local em ajudar o casal a descobrir e a viver, de maneira alegre e frutuosa, a nova vocação e missão; e *Setor Casos Especiais*, no qual a Pastoral Familiar, guiada pelos princípios da verdade e da misericórdia, procura ser um empenho pastoral ainda mais generoso, inteligente e prudente, na linha do exemplo do Bom Pastor, àquelas famílias que, muitas vezes, independentemente da própria vontade ou pressionadas por outras exigências de natureza diversa, se encontram em situações difíceis.

Em 2005, a Comissão Episcopal Pastoral para a Vida e Família, juntamente com a Comissão Nacional da Pastoral Familiar, lançam o Guia de Orientação para os Casos Especiais, como fruto das experiências dos diversos regionais, dioceses e comunidades eclesiais no trabalho com os casos especiais, e procuram dar uma resposta aos anseios das diversas dioceses brasileiras, no que se refere ao trabalho evangelizador ao terceiro setor da Pastoral Familiar.

Em Aparecida do Norte, na Conferência do Episcopado Latino-Americano e Caribenho (13 a 31 de maio de 2007), os bispos, em comunhão com o Santo Padre, se referem às famílias em situação irregular como incluídas na vida da Igreja e afirmam que o Espírito Santo age nelas para que transmitam a fé aos filhos. Exortam os Párocos e os agentes de pastorais ao dever sagrado de chegar a todas as famílias em situação irregular, dentre elas as que vivem em segunda união, e ajudá-las a serem missionárias. Declaram, ainda, que os casais que vivem em situação irregular precisam receber a mensagem de salvação e que haja uma pastoral que os acompanhe (n. 437, j).

Por fim, na 46ª Assembleia Geral dos Bispos do Brasil, em Itaici, de 2 a 11 de abril de 2008, os bispos, tratando do tema "família", especificam no número 133 a preocupação com as famílias em segunda união, solicitando que sejam acolhidas, acompanhadas e incentivadas na comunidade eclesial, na situação que se encontram. Motivam também a família em segunda união a participar da vida da Igreja, segundo as orientações do Magistério (FC 84).

Atualmente, já se pode contar com inúmeros pronunciamentos pontifícios e episcopais, artigos e livros relacionados aos casais em segunda união e a Igreja. Isso demonstra o aumento da preocupação da Igreja com a situação crescente e a solicitude pastoral em orientar os batizados que contraem uma segunda união.

Destaco aqui a palavra de Bento XVI, no dia 14 de setembro de 2008, no encontro com os bispos franceses, em Lourdes, quando o Papa reafirma que, embora tenha um afeto grande pelas pessoas divorciadas que voltam a se casar, não pode aceitar as iniciativas que tendem a abençoar as uniões ilegítimas. E faz uma crítica à atuação de algumas dioceses deste país, que promovem iniciativas destinadas a abençoar as uniões de católicos divorciados.

Para o Papa Emérito Bento XVI, trata-se de uma questão particularmente dolorosa, admitindo que existem provações que, por vezes, afetam certos lares. E exorta os bispos a acompanharem esses lares em dificuldade, ajudando-os a compreender a grandeza do casamento e encorajando-os a não relativizar a vontade de Deus e as leis de vida que ele nos deu.

E, ainda, o então Sumo Pontífice Bento XVI, analisando a crise sofrida pela família e culpabilizando as leis que nas últimas décadas relativizaram em diferentes países a sua natureza de célula primordial da sociedade, reafirma a fidelidade da Igreja ao mandato de Jesus Cristo e nunca deixará de repetir: "O que Deus uniu, o homem não separe".

Posteriormente, em 2016, o Papa Francisco, emitiu a exortação *Amoris Laetitia* [AL], baseada nos relatórios finais dos Sínodos sobre a família de 2014 e 2015. Nela Francisco evidencia a capacidade das famílias em discernir e tomar decisões sobre o melhor para elas, e exortou a Igreja a compreender a família em sua complexa instabilidade, considerando a vida e o contexto das pessoas que a compõe, bem como, o apelo em acompanhar, discernir e integrar aquelas que se encontram em realidades e situações frágeis.

No que se refere às famílias em situações de fragilidade, a Exortação Apostólica AL, no capítulo 8, em consonância com a *Familiaris Consorcio*, reafirma a necessidade de os pastores diferenciar e discernir as inúmeras situações e realidades em que se encontram as famílias, em particular ao modo como as pessoas vivem e sofrem por causa da sua condição que não coincide com o Magistério da Igreja. Faz um apelo para que os pastores evitem catalogar ou encerrar as famílias em afirmações rígidas e juízos que não levam em conta a sua complexidade e a caridade verdadeira que é sempre imerecida, incondicional e gratuita.

A Exortação AL, a partir da evangélica lógica da misericórdia e da gradualidade pastoral, e com o cuidado de pastor em reafirmar que toda ruptura do vínculo matrimonial é contra a vontade de Deus, portanto, não é o ideal cristão e, muito menos, proposta da Igreja, exorta, (re)abre "novos" caminhos e desafios para unir, cada vez mais, doutrina e práxis, diminuir a lacuna existente entre magistério, teologia e realidade pastoral.

Francisco propõe mudanças significativas no que se refere ao novo impulso às questões de acolhimento, discernimento e integração das famílias fragilizadas, e com as notas de rodapé números 329 e 351, mais especialmente, com as famílias em segunda união. Um percurso que requer coração de pastor, ouvidos de discípulo e coragem missionária dos filhos da Igreja para enfrentar os novos desafios e possibilidades, seguindo as inspirações daquele que, por meio da Igreja, atualiza Jesus e seu Evangelho.

Percebe-se que, desde meados de 1960,[12] a Igreja Católica tem em vista, na ação evangelizadora, a preocupação com a realidade das famílias, constatando que já não existe um só tipo, mas sim várias formas de famílias concretas, que devem ser acolhidas e integradas na vida eclesial por uma ação pastoral específica que ajude as famílias a viver melhor e reconhecer o seu lugar na Igreja (AL 312).

---

[12] O Movimento Familiar Cristão, a serviço da Pastoral Familiar da Igreja, no seu desejo de servir famílias concretas e consciente de que na América Latina convivem vários tipos delas, amplia o conceito do que se entendia por família. O primeiro passo foi dado graças ao trabalho realizado na Venezuela, com o qual se estabeleceu, no ano de 1967, que as famílias regidas por mães viúvas, separadas ou abandonadas podiam pertencer plenamente a tal movimento apostólico como membros, e não somente com o objetivo de apostolado.

CAPÍTULO 8

Pastoral Familiar: casais católicos em segunda união no Brasil

O ponto marcante e oficial de uma organização mais sistemática e estruturada da Pastoral dos Casais em Segunda União aconteceu no Brasil, na arquidiocese de Porto Alegre, em 1993. Impulsionados pelas suas angústias pessoais e pastorais no contato com os casais em segunda união, principalmente ao constatar o grande número deles que inscreviam seus filhos para receberem o sacramento do Batismo ou para catequese, e ao lerem a Exortação Apostólica *Familiaris Consortio*, o Pe. Francisco Ledur e a Irmã Angelina Della Rosa iniciam uma pastoral específica de acolhimento para esses casais.

Surge, assim, o Grupo Bom Pastor, um serviço da Pastoral Familiar, objetivando o acolhimento e a evangelização dos casais em segunda união para reintegrá-los na comunidade paroquial. Com essa iniciativa, atendiam aos apelos do Papa João Paulo II. Em 1995, a Pastoral dos Casais em Segunda União é aprovada, oficializada e abençoada por Dom Altamiro Rossato, Arcebispo Metropolitano da arquidiocese de Porto Alegre.

A Comissão Nacional de Pastoral Familiar da CNBB, em 1996, constata a experiência do Grupo Bom Pastor, destacando suas atividades, que são apresentadas oficialmente ao Setor Família da CNBB, em Belém.

Nesse quadro, a CNBB organiza na Pastoral Familiar o setor "casos especiais", tendo sido também assessores desse setor o corajoso e dedicado casal Kleber e Laureci Ferreira, coordenadores do Grupo Bom Pastor de Porto Alegre.

A pastoral tem como objetivo o acolhimento e a evangelização dos casais separados ou divorciados que voltaram a se casar e desejam participar ativamente da vida da Igreja, integrando-os na comunidade paroquial, conscientizando-os, esclarecendo-os de sua condição de segunda união e, principalmente, estimulando-os a participar das atividades religiosas e sociais. Esse grupo emprega metodologia baseada em encontros e reuniões de reflexão e partilha de experiência, dinamizados através de diversas formas e conteúdos referentes à vida familiar e religiosa. É composto de um orientador espiritual, normalmente um padre, de um coordenador-geral e adjunto, de diversos grupos e subgrupos, de equipes de recepção, animação, secretaria, liturgia, cozinha, limpeza e bem-estar, membros da pastoral e por pessoas que cuidam das crianças dos casais participantes.

Inicia-se, também, na diocese de Jundiaí, em 1993, a Pastoral dos Casais Católicos em Segunda União, outra pioneira no Brasil, por iniciativa do Bispo titular, Dom Roberto Pinarello de Almeida e de alguns casais em primeira e segunda união. Somente depois de quatro anos da implementação da Pastoral e da experiência comunitária vivenciada pelas equipes, Dom Amaury Castanho, novo Bispo da diocese, coloca um casal em segunda união como coordenador diocesano da Pastoral de Casais em Segunda União, João Bosco Oliveira e Aparecida de Fátima F. Oliveira, que também fazem parte da assessoria da Pastoral Familiar, no Setor Casos Especiais da CNBB.

Tanto a Pastoral de Casais em Segunda União da arquidiocese de Porto Alegre quanto a da diocese de Jundiaí expandiram suas experiências por várias dioceses brasileiras. Em 1999, a Pastoral foi implantada em mais de 80 dioceses no Brasil e em alguns países da América Latina. Consequentemente, surgiu a produção de livros, manuais de instrução, publicações diversas, encartes, temários para reuniões, cursos de formação e outros.

Os manuais da Pastoral dos Casais em Segunda União da arquidiocese de Porto Alegre e da diocese de Jundiaí apresentam alguns elementos necessários para se entender o dinamismo dessa Pastoral em articular o diálogo e o acolhimento entre a Igreja e os casais. Esses manuais consideram casal em segunda união aquele em que ambos os componentes, ou um deles, receberam o sacramento do Matrimônio e depois passaram por uma experiência de separação ou divórcio, tendo-se unido posteriormente a outra pessoa, constituindo uma segunda união, com o intuito de formar uma nova família. A pessoa ainda solteira que se unir a alguém separado passa a ser também membro do casal em segunda união, apesar de nunca ter antes contraído uma primeira união. Não é considerado casal em segunda união aquele formado por viúvo que se une a uma viúva ou a pessoa solteira e desquitada ou divorciada que, anteriormente, tenha-se casado somente no civil e veio a se unir a uma pessoa solteira, viúva ou nas mesmas condições que a sua.

Hoje a Pastoral Familiar: Casais em Segunda União está presente e atuante na maioria das paróquias do Brasil, dando condições para que os agentes da Pastoral Familiar reflitam e assumam a misericórdia de Deus e os princípios de verdade deixados por Jesus Cristo, através da acolhida e integração comunitária dos casais em segunda união.

É necessário, porém, recordar que a Pastoral Familiar: Casais em Segunda União se destina aos casos irreversíveis e, quando um casal se separa, fará todo o esforço possível para levá-lo à reconciliação.

Tal Pastoral, e seus princípios, se difundiu através de seus próprios integrantes e se estruturou de tal forma no Brasil que, conforme o Guia de Orientação para o Setor Casos Especiais da Comissão Nacional da Pastoral Familiar (CNBB), não é um novo status constituído na Igreja, mas um dos componentes do quadro geral da Pastoral Familiar, por ser entendida como uma forma de família e, dentro dessa estrutura, estar listada no Setor "Casos Especiais", já que é uma situação irregular a qual contradiz a doutrina cristã/católica sobre o Matrimônio e a família.

Essa posição ocupada na Pastoral Familiar tem origem na *Familiaris Consortio* n. 77, que a considera como família irregular, assim como as uniões livres de fato, matrimônio à experiência e outras. O Papa João Paulo II, nesse documento, conceitua a família irregular uma circunstância particular, juntamente com as famílias em situações conflituosas: migração, marginalização, mães e pais solteiros, de idosos e as em circunstâncias especiais: matrimônio misto, matrimônio canônico precedido por divórcio civil e "sem família".

A Pastoral Familiar tem uma função importante para a vida pessoal e familiar dos casais em segunda união e são inúmeros os motivos para participarem dela, principalmente por possibilitar aos casais a convivência e a troca de experiências com outros que vivem a mesma situação, bem como por ser um meio de esclarecimento e conhecimento da vida conjugal familiar e eclesial adquiridos entre os integrantes dessa Pastoral (PORRECA, 2004).

Assim, a Pastoral favorece o companheirismo, a valorização da vida, o conhecimento dos direitos e deveres religiosos, proporcionando mais oração e maior compreensão no relacionamento com os outros. Além disso, dinamiza a convivência com casais que vivem a mesma situação de exclusão das práticas religiosas da comunidade católica, possibilita uma aproximação física e afetiva do clero e de outras pastorais, permitindo que se situem num espaço próprio no ambiente eclesial.

A aproximação na Comunidade Paroquial pode acontecer, segundo o *Diretório da Pastoral Familiar* (n. 397), pelos encontros ou retiros específicos para os casais em segunda união, promovidos pela Pastoral Familiar, a fim de que, por meio deles, esses casais possam descobrir o modo de solucionar a irregularidade em que se encontram, ou os possíveis canais de participação, e se sintam parte integrante da comunidade eclesial e, com a necessária prudência pastoral, procurem se incorporar nas diferentes atividades paroquiais.

A convivência na Pastoral pode conferir condições para uma maior proximidade de Deus e da Igreja e a oportunidade de conscientizar casais em primeira união a não passarem pela experiência da separação, visitando-os, apoiando-os e, principalmente, esclarecendo-os sobre a vida conjugal e eclesial (PORRECA, 2004).

Na Pastoral, o casal em segunda união pode sentir-se mais acolhido pela Igreja, que confere segurança e aceitação, inclusive para enfrentar as dificuldades da vida doméstica, tanto no plano da religião quanto no social.

A Pastoral não se preocupa só com a sacramentalização dos seus membros, mas com a evangelização, apoiada na exigência do testemunho, com o princípio da misericórdia, fundado no princípio da verdade. E tem como dever correlato e fundamental reafirmar e defender o princípio da indissolubilidade do matrimônio.

Segundo Guimarães (1994, p. 49), "a postura do agente de Pastoral será mais na linha de alimentar a conversão e de colocar em realce as exigências de santidade de vida, mesmo nessas condições particulares". A Pastoral motiva, em consonância com os documentos eclesiais, os divorciados que contraíram nova união a não se considerarem separados da Igreja e os exorta a ouvir a Palavra de Deus, frequentar a missa, perseverar na oração, incrementar obras de caridade e a formação cristã humana e familiar, lutar em favor da justiça, educar os filhos na fé cristã, cultivar o espírito e as obras de penitência e implorar no dia a dia a graça de Deus, reavivando o sacramento do Batismo, que confere a graça de filhos de Deus, templos do Espírito Santo e membros da Igreja, com seus direitos e deveres.

A Pastoral se empenha em ser coerente e fiel às leis de Deus e às disposições da Igreja, sempre em consonância com os princípios da misericórdia, procurando esclarecer e conscientizar os casais dos aspectos da doutrina católica, principalmente no que diz respeito à situação em que se encontram, admitindo que a realidade da segunda união é irregular, devido à indissolubilidade do casamento e pela ausência do sacramento do Matrimônio na vida deles. Isso implica situação objetiva de pecado, por terem se casado novamente, pois não tinham esse direito.

Desse modo, devem reconhecer que a segunda união é uma realidade irregular e frágil, por não estar fundada no sacramento do Matrimônio e pela falta de comunhão às leis de Deus e aos princípios doutrinários, e devem assumir a impossibilidade de participarem dos sacramentos da Penitência e da Eucaristia, com o devido discernimento de cada realidade em que os casais fragilizados, ou em segunda união, se encontram. A impossibilidade da comunhão eucarística aos casais em segunda união não é uma questão meramente normativa por parte da Igreja, mas uma realidade evangélica que tem como fio condutor o princípio da indissolubilidade matrimonial. Aliás, eis um assunto em que a Igreja não tem competência para intervir, pois a vontade do Senhor surge clara e expressa: "O que Deus uniu, o homem não separe" (Mt 19,6). E ainda está fundada em três razões: de caráter doutrinal (a quebra da aliança), de caráter moral (o estado e a condição de vida do casal em segunda união) e de caráter pastoral (o perigo de confusão da comunidade em face da doutrina do matrimônio).

8.1 Casais católicos em segunda união: absolvição sacramental e comunhão eucarística

O processo histórico é contínuo, não linear nem mesmo cíclico, no qual estão presentes avanços e recuos, mudanças de rumos, idas e vindas. Os acontecimentos de hoje, normalmente, têm relação com os fatos passados, as rupturas históricas não surgem da noite para o dia, nada brota de um nada, mas sim através de um lento e gradual processo.

Para compreender com mais precisão o sofrimento dos casais em segunda união na privação da comunhão eucarística, precisamos correlacionar passado e presente, de uma maneira que entenderemos o hoje, com base no ontem, na perspectiva do amanhã. Assim, pontuo alguns momentos marcantes na história da Igreja no que se refere à prática da comunhão eucarística.

Numa retrospectiva histórica, constata-se que, em cada contexto determinado, modelos de Igreja foram utilizados para interpretar o mistério que ela encerra. E, a partir do modelo evidenciado, determina-se a prática pastoral evangelizadora.

Entre as Escrituras e o Concílio Ecumênico Vaticano II, vários modelos eclesiais foram destacados devido às reflexões e necessidades da Igreja em se atualizar diante das exigências e mudanças sofridas de uma sociedade em constante desafio e transformação. Entre esses modelos, podemos considerar as reflexões e ensinamentos da patrística (mãe, casta, meretriz, arca, barca, coluna), da teologia medieval (reino, Igreja militante, triunfante, corpo místico), do Concílio de Trento (sociedade perfeita, mestra) e, por último, do Vaticano II (mistério-sacramento, povo de Deus, corpo de Cristo, comunhão, sociedade e instituição).

Esses modelos vão se alternando conforme a necessidade da Igreja na sua missão evangelizadora no mundo. Essa alteração não significa uma ruptura por completo diante de novos modelos, pois as representações dos antigos permanecem entre os membros da Igreja.

Nas últimas décadas, pós-Concílio Vaticano II (1962-1965), a eclesiologia do povo de Deus e a eclesiologia de comunhão estão presentes como verdadeiros paradigmas para a reflexão teológica e servindo de base às práticas pastorais e evangelizadoras da Igreja. Entretanto, perdura-se entre os fiéis católicos o modelo da Igreja jurídica, centrada na prática sacramental, em especial do Batismo e da Eucaristia, frutos do Concílio de Trento.

O Concílio tridentino foi convocado porque a Igreja estava diante do contexto histórico da Modernidade e em seguida do Iluminismo, quando, pela Reforma Protestante, foi fortemente questionada em muitos aspectos da sua doutrina, particularmente sobre instituição eclesial e sua centralização no Papa, levando-a consequentemente a procurar assegurar a unidade da fé e a disciplina eclesiástica.

Nas numerosas afirmações da fé católica, a Igreja nesse período reafirma a presença de Jesus Cristo na Eucaristia de forma real, substancial e verdadeira (s. 13, cân. 2, Denz. 884). Procura motivar os fiéis católicos às devoções e, acima dos cultos aos santos e a Nossa Senhora, à honra a Jesus com práticas eucarísticas como: procissões, adorações, recepção mais frequente da comunhão (ALBERICO, 1995).

Assim, a Igreja Católica pós-tridentina, que expressava uma atuação fortemente sacramental, permeia a ação eclesial desde o Concílio de Trento até o Concílio Vaticano II. A renovação eclesiológica proposta pelo Concílio Vaticano II vai se deparar com o modelo eclesiológico jurídico do Concílio de Trento (1545-1563), que perdurou quase quatrocentos anos.

Novas concepções não mudam rapidamente, mas convivem a anterior e a posterior, até que, paulatinamente, o novo vai assumindo mais espaço. Com isso, ainda hoje se refere ao padre apenas como sacerdote, e a missa ainda é entendida apenas como lugar para comungar.

Dessa forma, muitos fiéis católicos ainda reduzem a vida na Igreja aos sacramentos de iniciação cristã, em especial o Batismo, e alguns batizados à participação e comunhão eucarística na Santa Missa, ou mesmo fora dela. É por isso que, talvez, muitos casais em segunda união, quando se deparam com a impossibilidade de casar novamente na Igreja e receber a comunhão eucarística, se afastam da vida da comunidade eclesial. Restringem a vida eclesial aos sacramentos e deixam de professar a fé em Jesus Cristo, presente na Palavra e na pessoa do presidente da celebração (*Pastoris Dabo Vobis* [PDV], 1992, n. 33).

A impossibilidade da comunhão eucarística expressa uma das maiores dificuldades para os casais católicos em segunda união, podendo ser entendida como um rito social, uma forma pública de serem vistos como pessoas em estado de excomunhão, excluídas, em pecado grave objetivo, pois o motivo mais comum da não recepção da comunhão eucarística pelos fiéis batizados é quando estes se encontram em situação indigna e de pecado grave diante das verdades que são professadas pela comunidade eclesial.

Sendo assim, numa perspectiva sociológica e psicológica, quando os casais católicos em segunda união numa missa não se dirigem à fila de comunhão, são condicionados e se condicionam à mesma situação das pessoas que estão impedidas de receber a comunhão eucarística por estarem em pecado mortal. Esse fato causa verdadeiro sofrimento por vivenciarem novamente a história do fracasso do casamento anterior e, possivelmente, reassumem um sentimento de culpa e punição. E pode ser entendido, tanto pelos próprios casais como pelas outras pessoas, como uma punição por terem desobedecido a Deus e a Igreja, quando contraíram uma nova união.

A não participação da comunhão eucarística na missa é mais constrangedora quando os casais em segunda união são questionados pelos seus filhos do porquê "não vão comungar", ou mesmo quando presenciam comentários maldosos e pouco cristãos de pessoas que tomam parte na mesma missa e que, por vezes, deveriam estar mais preocupadas com o próprio processo de conversão, bem como aproveitar a ocasião para rever se deveriam, ou não, compartilhar da comunhão eucarística.

Além dessas dificuldades, ainda há padres ou ministros extraordinários da palavra e comunhão que se expõem a condutas nada humanas e muito menos evangélicas – hoje com menos frequência, graças a Deus! – ao negar a comunhão eucarística no momento em que uma pessoa em segunda união equivocadamente se dirige à fila para recebê-la, com a preocupação única e exclusiva de cumprir normas, sem se importar com o ser humano que ali será exposto à humilhação. Isso não significa que devem mantê-la no equívoco, mas procurá-la num momento oportuno e adequado para uma salutar conversa de conscientização sobre a situação irregular dos casais em segunda união e sua participação na missa.

Por outro lado, encontramos teólogos, clérigos, agentes de pastoral e até mesmo casais da pastoral em segunda união que demonstram, por palavras e ações, um posicionamento contrário ao adotado pela Igreja em relação às privações dos sacramentos do Matrimônio, da Penitência e da Eucaristia. Quanto aos sacramentos do Matrimônio, entendem que os ministros são os próprios cônjuges, e ninguém mais. Procurando superar a visão legalista, afirmam que somente o casal pode decidir se assume ou não a sua união como sacramento e se deve ou não participar da Eucaristia. Entendem que o sacramento do Matrimônio existe de fato quando há amor entre os componentes do casal.

Esse posicionamento e outros similares induzem muitos clérigos a, equivocadamente, e muitas vezes levados pelo sentimento de compaixão e solidariedade, autorizarem casais em segunda união a participarem da comunhão eucarística; agem de forma arbitrária e assumem uma autoridade da qual não são portadores, pois nenhum padre ou bispo tem poder de dar permissão a uma pessoa em segunda união para comungar.

As bênçãos de aliança ou qualquer ação litúrgica não é permitida pela Igreja, para não induzir o casal em erro do matrimônio contraído validamente. Sobre essas condutas, temos visto a seriedade e a solicitude pastoral da Igreja em advertir severamente padres e bispos que, equivocadamente, participaram ou concederam bênçãos seja para os casais em segunda união, ou mesmo às alianças destes.

> Igualmente o respeito devido quer ao sacramento do Matrimônio, quer aos próprios cônjuges e aos seus familiares, quer ainda à comunidade dos fiéis, proíbe os pastores, por qualquer motivo ou pretexto mesmo pastoral, de fazer em favor dos divorciados que contraem uma nova união, cerimônias de qualquer gênero. Estas dariam a impressão de celebração de novas núpcias sacramentais válidas, e consequentemente induziriam em erro sobre a indissolubilidade do matrimônio contraído validamente (FC, n. 84).

Contudo, o pároco deve ter muito discernimento no tratamento com os casais em segunda união, principalmente com aqueles que participam assiduamente das atividades paroquiais e têm uma vida idônea de fé e moral, procurando distinguir aqueles que podem ser induzidos em erro e aqueles que têm uma postura consciente do seu estado de segunda união e dos seus limites.

O Papa João Paulo II adverte, na *Familiaris Consortio* n. 84, sobre a necessidade de os pastores diferenciarem aqueles que sinceramente se esforçaram por salvar o primeiro matrimônio e foram injustamente abandonados e aqueles que por sua grave culpa destruíram um matrimônio canonicamente válido. Há ainda aqueles que contraíram uma segunda união em vista da educação dos filhos, e, às vezes, estão subjetivamente certos em consciência de que o precedente matrimônio irreparavelmente destruído nunca tinha sido válido.

Na Exortação pós-sinodal *Amoris Laetitia*, no capítulo VIII (296-305), o Papa Francisco retoma o tema do discernimento das famílias em situações chamadas irregulares, atentando para as realidades e situações diferentes e diversas que impedem catalogá-las ou ter um olhar único e rígido, sem deixar espaço para um adequado discernimento pessoal e pastoral. Incentiva a Igreja a acolher e integrar os casais frágeis na vida eclesial, pois, segundo o Papa, ninguém pode ser condenado para sempre, porque esta não é a lógica do Evangelho (297).

Com a proposta de discernir as realidades dos casais frágeis, Francisco exorta que

> uma coisa é uma segunda união consolidada no tempo, com novos filhos, com fidelidade comprovada, dedicação generosa, compromisso cristão, consciência da irregularidade da sua situação e grande dificuldade para voltar atrás sem sentir, em consciência, que se cairia em novas culpas. A Igreja reconhece a existência de situações em que "o homem e a mulher, por motivos sérios – como, por exemplo, a educação dos filhos – não se podem separar". Há também o caso daqueles que fizeram grandes esforços para salvar o primeiro matrimônio e sofreram um abandono injusto, ou o caso daqueles que "contraíram uma segunda união em vista da educação dos filhos e, às vezes, estão subjetivamente certos em consciência de que o precedente matrimônio, irremediavelmente destruído, nunca tinha sido válido". Coisa diferente, porém, é uma nova união que vem de um divórcio recente, com todas as consequências de sofrimento e confusão que afetam os filhos e famílias inteiras, ou a situação de alguém que faltou repetidamente aos seus compromissos familiares (298).

A partir das situações colocadas anteriormente, e talvez de muitas outras, surge a importância da sensibilização das pessoas que frequentam a Igreja diante do sofrimento por que passam muitos casais católicos em segunda união, pelas circunstâncias familiares conflituosas vividas e privações impostas pela Igreja Católica.

Urge perceber e responder aos sinais da pessoa que sofre. Um procedimento que não é só mental, mas de interação: detectando a situação, interpretando o que acontece e buscando uma resposta; procurando aspectos positivos na significação que esses casais dão aos seus relacionamentos; distinguindo as normas impostas vividas e as normas das necessidades dos casais; enfim, procurar ter a sensibilidade e compaixão do próprio Cristo (PORRECA, 2004).

Além da sensibilização das situações particulares de cada pessoa, é importante e necessário, tanto para os casais em segunda união quanto para os bispos, padres e agentes de pastorais, uma formação específica sobre a situação dos casais em segunda união no que diz respeito à sua vida de batizado a partir dos ensinamentos oficiais da Igreja, e não do que se ouve falar ou de mitos e opiniões pessoais criados em torno desse assunto, que podem tornar uma roupagem de verdade ou serem oficializados pelo senso comum ou imaginário popular, como postura da Igreja.

Em síntese, o ensinamento oficial da Igreja se condensa no princípio cristão da acolhida e misericórdia de direito de todo batizado e do princípio da verdade de que a segunda união rompeu e contradiz a união indissolúvel, e a fiel aliança dos esposos em Cristo realizada pelo matrimônio-sacramento. Não pode haver em Cristo duas alianças. A segunda união é ruptura, contradição destes dois elementos essenciais do matrimônio-sacramento (SCAMPINI, 1994).

Diante da situação de sofrimento dos casais batizados em segunda união e da manifestação de muitos membros da Igreja sobre a desorientação e contradições no que diz respeito à recepção da comunhão eucarística por parte de fiéis divorciados que voltaram a se casar, a Igreja Católica, como Mãe solícita que é, dirige uma carta aos bispos da Igreja Católica, pela Congregação para a Doutrina da Fé (Santa Sé – Vaticano), em 1994, descrevendo de maneira contundente que, se lhes fossem admitida, seriam induzidos em erro e confusão acerca da doutrina da Igreja sobre a indissolubilidade do matrimônio.

A carta expõe que o acesso à comunhão eucarística é aberto unicamente pela absolvição sacramental, que pode ser dada só àqueles que, arrependidos de ter violado o sinal da Aliança e da fidelidade a Cristo, estão sinceramente dispostos a uma forma de vida não mais em contradição com a indissolubilidade do matrimônio. Recebê-la em contraste com as disposições da comunhão eclesial seria algo contrário a si mesmo.

A recepção dos sacramentos do Matrimônio, da Reconciliação e da Comunhão Eucarística será possível quando for constatada canonicamente a nulidade da primeira união, verificada através do Tribunal Eclesiástico. Essa verificação de nulidade é tão importante que, sem ela, o casal em segunda união permanece em situação irregular.

Por meio dos Tribunais Eclesiásticos, a Igreja apresenta sua solicitude, quando procura apresentar aos casais em segunda união a possibilidade de não ter existido o sacramento do Matrimônio, relativamente à primeira união. Há casos em que, pelas aplicações das normas canônicas, se pode obter a declaração de nulidade do casamento, por não ter existido ou não ter sido válido o sacramento do Matrimônio no casamento anterior.

As autoridades dos Tribunais Eclesiásticos só podem declarar um casamento nulo depois de reunir, analisar e, através de testemunhas, confirmar as provas canônicas apresentadas pelo fiel. Normalmente, as provas estão relacionadas à situação anterior à celebração do sacramento, pois estas impossibilitaram a sua realização, como, por exemplo, os impedimentos dirimentes (idade mínima, impotência, outra religião, consanguinidade e outros); falhas no consentimento dos nubentes (falta de capacidade para consentimento, uma vez que os noivos precisam estar conscientes do que estão fazendo e queiram casar-se; ausência de inteligência teórica e prática, pois é essencial terem condições psíquicas saudáveis e capacidade de compreensão das obrigações que estão assumindo; ignorância e outros).

O *Diretório da Pastoral Familiar* solicita aos membros dos Tribunais Eclesiásticos que procurem facilitar aos casais em segunda união o acesso a tais Tribunais, para estudar a possível existência de causas que determinem a declaração de nulidade da união anterior, pois, em caso positivo, ficariam habilitados para contrair o Matrimônio sacramental (n. 396).

Diante do exposto sobre a declaração de nulidade matrimonial, faz-se necessário pontuar que matrimônio válido não se anula e que devemos intensificar os trabalhos de evangelização com os noivos que vão celebrar o Matrimônio, valorizar a qualidade dos relacionamentos conjugais, promover o diálogo e a assistência cristã aos casais em conflitos durante a crise e, se a união for rompida, estimular o perdão e o recomeço. Se, porventura, o fiel não encontrar nenhuma possibilidade de reconciliação, auxiliá-lo a verificar a chance de nulidade que será declarada, ou não, pelas autoridades eclesiásticas competentes.

O *Diretório da Pastoral Familiar*, n. 234, elenca, de forma sintética e clara, as três maneiras pelas quais uma pessoa em segunda união pode receber os sacramentos da Penitência e da Eucaristia.

1. Separando-se da pessoa com quem está, de modo ilegítimo, convivendo maritalmente.

2. Vivendo juntos, mas sem manterem relações sexuais: "Quando o homem e a mulher, por motivos sérios – como, por exemplo, a educação dos filhos –, não se podem separar, assumem a obrigação de viver em plena continência,

isto é, de abster-se dos atos próprios dos cônjuges. Nesse caso, podem aproximar-se da comunhão eucarística, permanecendo firme, todavia, a obrigação de evitar o escândalo". Essa prática não é teórica nem impossível de conseguir; não faltam casais, em todo o Brasil, que vivem dessa maneira, por amor e respeito à Eucaristia, por amor a Jesus Cristo e às leis da Igreja e, em alguns casos, ainda, porque a sua situação afetiva e etária lhes permite viver a continência mais facilmente.

3. Pelo Tribunal Eclesiástico, com a declaração de nulidade da primeira união e regularizando, diante da Igreja, a nova união. O *Código de Direito Canônico* de 1983 abre um leque de possibilidades que não se pode deixar de considerar. A esse respeito, é conveniente consultar uma pessoa idônea, bem informada e procurar o competente Tribunal Eclesiástico, para receber as orientações adequadas. Esse processo será gratuito, quando verificada a pobreza dos solicitantes.

O Decano da Rota Romana, Mons. Mario Francesco Pompedda, no livro *Sobre a atenção pastoral dos divorciados que voltaram a se casar* (1997, p. 79),[1] relata, porém, que diante de um profundo respeito pela pessoa humana, em modo coerente com o direito natural e eliminando do direito processual toda supérflua formalidade jurídica, respeitando as exigências da justiça de alcançar a certeza moral e salvaguardar na verdade, tem-se estabelecido normas para as quais (cân. 1536, 2 e cân. 1679) as declarações das partes podem constituir por si mesmas prova suficiente de nulidade (por exemplo: quando não aparecem testemunhas para o processo), obviamente, quando a congruência dessas declarações com as circunstâncias da causa ofereça garantia de plena credibilidade.

---

[1] Congregación para la Doctrina de la Fe. *Sobre la atención pastoral de los divorciados vueltos a casar*. Madrid: Ediciones Palabra, 1997 – 2. Problemáticas Canónicas (pp. 73-80).

Deve-se sempre considerar que a consciência, santuário íntimo do encontro da pessoa com Deus, é o critério moral último e soberano de decisão, embora ela dependa de uma instância superior, que é o critério fundamental da moralidade, a saber: a lei de Deus, expressa pela lei natural e pelo Evangelho. Em outras palavras: a consciência não é autônoma, mas é teônoma (BETTENCOURT, 2000), como observa o Santo Padre João Paulo II, na sua encíclica *Veritatis Splendor* [VS], 1993, n. 32:

> Em algumas correntes do pensamento moderno, chegou-se a exaltar a liberdade até o ponto de se tornar um absoluto, que seria a fonte dos valores [...]. Atribuíram-se à consciência individual as prerrogativas de instância suprema do juízo moral, que decide categórica e infalivelmente sobre o bem e o mal. Desse modo, a imprescindível exigência de verdade desaparece em prol de um critério de sinceridade, de autenticidade, de acordo consigo próprio, a ponto de se ter chegado a uma concepção radicalmente subjetivista do juízo moral.

Preocupado com essa questão da consciência de nulidade, o teólogo alemão Cardeal Joseph Ratzinger reafirmava a necessidade do colóquio e do acompanhamento pastoral do pároco, para ajudar os casais a encontrarem uma decisão madura da consciência, pela qual eles assumem pessoalmente a responsabilidade.

Toda essa preocupação está centrada no zelo da Igreja para que não aconteçam graves distorções a que podem estar submetidas a consciência moral e pessoal, quando intervêm na relação com a situação matrimonial.

Ainda por zelo da Igreja, para evitar conflito entre o foro externo (objetividade – Tribunal) e foro interno (subjetividade – consciência), manter o caráter eclesial (público) do matrimônio e não incentivar o individualismo da consciência, os fiéis casais em segunda união, que estão subjetivamente convencidos da invalidade do seu matrimônio precedente, são convidados a procurar a competência exclusiva dos Tribunais Eclesiásticos no exame sobre a validade do matrimônio dos católicos. Isso significa que aqueles que também estão convencidos em consciência de que seu matrimônio precedente, irremediavelmente fracassado, não foi válido devem dirigir-se ao Tribunal Eclesiástico competente para as questões pertinentes à nulidade matrimonial, que com um procedimento de foro externo, estabelecido pela Igreja, examinará se trata objetivamente de um matrimônio inválido (Congregação para Doutrina da Fé. *Sobre a atenção pastoral dos divorciados que voltaram a se casar*, 1997).

O matrimônio tem essencialmente um caráter público: constitui a célula primária da sociedade. O matrimônio cristão possui uma dignidade sacramental. O consentimento dos esposos, que constitui o matrimônio, não é uma simples decisão privada, mas que cria para cada membro do casal uma específica situação eclesial e social. O matrimônio é uma realidade da Igreja e não concerne só à relação imediata dos esposos com Deus. Por isso, em última instância, não compete à consciência dos interessados decidir, baseados na própria convicção, se existe ou não um matrimônio precedente e sobre o valor de uma nova relação (p. 23).

A carta a respeito da recepção da comunhão eucarística por parte de fiéis divorciados e novamente casados reconhece, portanto, a autoridade do Direito Canônico como norma válida, porém, com limites. A legislação canônica não pode regulamentar todos os casos, que, às vezes, são muito complexos. Assim, é indispensável o diálogo esclarecedor com o pároco da localidade paroquial para averiguar situações específicas dos casais que chegam a uma convicção de consciência acerca da nulidade do seu primeiro matrimônio, cuja prova, infelizmente, não poderá ser documentada diante de um Tribunal Eclesiástico (SCAMPINI, 1994).

Segundo Pompedda (1997, p. 80),[2] podemos considerar que o posicionamento da Igreja como Mãe e Mestra,

> em conciliar o rigor e a certeza do direito com as exigências de respeito pela pessoa humana e sua dignidade, demonstra um desprendimento de todo formalismo inútil, sendo coerente com as leis supremas do direito natural. Por isso, nos casos específicos, parece mortificar o verdadeiro alcance da norma canônica, que está penetrada, alimentada e orientada às necessidades pastorais dos fiéis, a ser o último e máximo objetivo do Direito Canônico que é a salvação dos fiéis (cân. 1752).

Nesse contexto, deve-se ainda observar que, para os casais em segunda união que têm uma conduta pessoal e conjugal direcionada a uma vida de responsabilidade e amor, que participam de uma caminhada em busca do ideal do matrimônio cristão, da serenidade, fidelidade e persistência nessa união, e que se esforçam para retomar, com maior firmeza, esse projeto de amor único, fiel e indissolúvel, não se pode mencionar mais "uma situação subjetiva, pessoal, de culpa" (princípio pastoral), mas uma situação objetiva de pecado (princípio teológico).

A XIII Assembleia Plenária do Pontifício Conselho para a Família, realizada em 1997, no Vaticano, seguiu de perto a exortação *Familiaris Consortio* do Papa João Paulo II, a fim de sedimentar as orientações pastorais para os casais em segunda união. Recomendou aos bispos presentes que coloquem para os casais em segunda união a importância do princípio da misericórdia na vida deles, o que, no entanto, implica respeito ao princípio da verdade do matrimônio e confiança na lei de Deus e nas disposições da Igreja, que protege amorosamente o matrimônio e a família.

A Igreja lembra ainda, no caso que João Paulo II pede aos pastores discernimento de situação entre os casais divorciados que

---

[2] Ibid.

contraem nova união (FC, n. 84), que a pessoa que se separou – se não teve culpa na separação – pode continuar a receber os sacramentos da Confissão e da Eucaristia, se mantiver uma vida de castidade. Sobre os divorciados que contraíram nova união, o então Papa disse, baseando-se nas conclusões do Sínodo da Família, que poderão receber os sacramentos caso vivam como irmãos, sem vida sexual. Explica:

> A reconciliação pelo sacramento da Penitência – que abriria o caminho ao sacramento Eucarístico – pode ser concedida só àqueles que, arrependidos de ter violado o sinal da Aliança e da fidelidade a Cristo, estão sinceramente dispostos a uma forma de vida não mais em contradição com a indissolubilidade do matrimônio. Isto tem como consequência, concretamente, que, quando o homem e a mulher, por motivos sérios – quais, por exemplo, a educação dos filhos –, não se podem separar, "assumem a obrigação de viver em plena continência, isto é, de abster-se dos atos próprios dos cônjuges" (FC, n. 84).

Fica claro nesse pronunciamento do Papa que os casais em segunda união estão impossibilitados de receber a absolvição sacramental, porque esta requer do penitente o ato de contrição ou arrependimento, que consiste numa dor profunda e detestação do pecado cometido, com a resolução de não mais pecar no futuro (CIC, n. 1451). E o ato de contrição ou arrependimento só poderá ser feito pelo penitente em segunda união se este estiver contrito ou arrependido de sua situação e tiver o propósito de desatar esse laço conjugal. Pois o penitente em segunda união escolheu viver um estado considerado pela Igreja como irregular, pecado de adultério objetivo, que, por vezes, pode não ser pecado de adultério subjetivo: contraiu uma segunda união conjugal estando sacramentalmente unido pelo matrimônio da primeira união, contrariando o princípio da indissolubilidade e unidade.

Contudo, sem desvalorizar a graça do sacramento da Penitência e da Reconciliação, na impossibilidade deste, os casais em segunda união devem cultivar outras formas de penitência, como: jejum, oração, partilha, reconhecimento da condição de pecador em cada ato penitencial nas missas, realizar obras de misericórdia temporais e espirituais, participar com piedade e devoção nos tempos fortes da Liturgia da Igreja, como Advento e Quaresma, e tantos outros meios que podem exprimir a conversão com relação a si mesmo, aos outros e a Deus.

Outra prática muito comum entre os casais em segunda união, no que se refere aos pecados, é procurarem o atendimento pessoal do pároco da localidade para um diálogo sobre o seu processo de conversão e para receberem orientações pertinentes às suas necessidades cristãs. Mesmo sabendo que estão impossibilitados de ser absolvidos, procuram se penitenciar e colocar-se, constantemente, no caminho deixado por Jesus Cristo com espírito de obediência consciente e de sacrifício.

No que se refere à privação da comunhão eucarística, a Igreja sugere a eles a comunhão espiritual, que é o ato piedoso e desejoso de se unir espiritualmente ao Senhor Eucarístico; um desejo interior de cada pessoa em comungar, fazendo intenção de receber espiritualmente essa comunhão, presente na hóstia consagrada, sem contato físico com ela.

A comunhão espiritual é o meio para quem não pode receber Jesus Eucarístico na missa, mas sim espiritualmente. Por exemplo: quando a pessoa está sem as condições necessárias para comungar, ou está impossibilitada de ir à missa, ou, ainda, durante o dia quando entra numa Igreja ou está em casa ou no trabalho, e simplesmente deseja comungar; numa Hora Santa, nas situações de sofrimento, desespero, dificuldades, para quem vive numa situação de irregularidade perante a Igreja. Com isso, não queremos dizer que a comunhão espiritual tenha igual valor à comunhão eucarística, pois estas diferem essencialmente.

Sobre a comunhão espiritual, o Concílio de Trento a recomenda vivamente (Denz. 881) e Santo Tomás de Aquino ensina que a realidade do sacramento pode ser obtida antes da recepção ritual do mesmo sacramento, somente pelo fato de que se deseja recebê-lo (*Summa Theologicae*, III, q. 80, a, 4), e adverte que é outra maneira de receber Jesus Cristo Eucarístico, crendo nele e desejando recebê-lo sacramentalmente. Isso não só significa ingerir espiritualmente a Cristo, nos ensina o doutor angélico, mas também receber espiritualmente o sacramento (*Summa Theologicae*, III, 80, 2).

A prática da comunhão espiritual foi reafirmada pelos bispos sinodais na Mensagem da XI Assembleia Geral Ordinária do Sínodo dos Bispos ao Povo de Deus, na Cidade do Vaticano, no dia 21 de outubro de 2005.

> A prática da comunhão espiritual tão querida à tradição católica poderia e deveria ser em maior medida promovida e explicada, para ajudar os fiéis a melhor se comunicarem sacramentalmente, quer para servir de verdadeiro conforto a quantos não podem receber a comunhão do Corpo e do Sangue de Cristo, quer por várias razões. Pensamos que esta prática ajudaria as pessoas sozinhas, em particular os deficientes, os idosos, os presos e os refugiados. Conhecemos a tristeza de quantos não podem ter acesso à comunhão sacramental devido a uma situação familiar não conforme com o mandamento do Senhor (Mt 19,3-9). Alguns divorciados que voltaram a se casar aceitam com sofrimento não poder receber a comunhão sacramental e oferecem-no a Deus. Outros não compreendem esta restrição e vivem uma frustração interior. Reafirmamos que, mesmo na irregularidade da sua situação (CIC, n. 2384), não estão excluídos da vida da Igreja. Pedimos-lhes que participem na Santa Missa dominical e que se dediquem assiduamente à escuta da Palavra de Deus para que ela possa alimentar a sua vida de fé, de caridade e de partilha.

Ainda sobre a prática da comunhão espiritual, a Exortação Apostólica pós-sinodal *Sacramentum Caritatis* (2007) nos diz que,

> mesmo quando não for possível abeirar-se da comunhão sacramental, a participação na Santa Missa permanece necessária, válida, significativa e frutuosa; neste caso, é bom cultivar o desejo da plena união com Cristo, por exemplo, através da prática da comunhão espiritual (n. 55).

Para a prática da comunhão espiritual, não existe nenhuma fórmula prescrita para fazê-la, nem é necessário recitar nenhuma oração vocal; um ato interior pelo qual se deseja receber a Jesus sacramentado é suficiente. Contudo, pode ser feita por palavras ou por pensamentos interiores que levam a uma íntima união com Cristo.

É conveniente que a comunhão espiritual seja precedida, primeiramente, de um ato de fé, pelo qual renovamos a nossa firme convicção na presença real, substancial e verdadeira de Cristo na sagrada hóstia; depois, que o fiel tenha um profundo desejo de receber a Cristo sacramentalmente e de estar intimamente unido a ele – este desejo consiste formalmente na comunhão espiritual e, por fim, que tenha as características de atos de adoração, de arrependimento dos pecados, de amor e de ação de graças. Devemos, ainda, pedir a Deus que nos conceda, espiritualmente, os mesmos frutos e graças que nos daria se recebêssemos realmente a Jesus na Sagrada Comunhão.

Contudo a Exortação Apostólica *Amoris Laetitia* (2016), fundada na lógica do discernimento dinâmico e misericórdia evangélica, considerando uma pastoral da gradualidade, abriu "novos" diálogos pastorais sobre a impossibilidade da comunhão eucarística aos casais em segunda união, em particular quando o Papa Francisco, volta a convidar a Igreja para que acolha, acompanhe, entenda e ajude esses casais em suas diversas e complexas situações e condições, tanto pessoais como eclesiais, de modo a favorecer possíveis caminhos de integração deles na vida da comunidade. Na nota de rodapé (n. 351) da mesma Exortação, considera até mesmo a possibilidade dos sacramentos da Reconciliação e Eucaristia como ajuda para que os casais cresçam na vida de graça e de caridade, em meio aos limites das próprias realidades e condições.

> Um pastor não pode sentir-se satisfeito apenas aplicando leis morais àqueles que vivem em situações irregulares, como se fossem pedras que se atiram contra a vida das pessoas. É o caso dos corações fechados, que muitas vezes se escondem até por detrás dos ensinamentos da Igreja "para se sentar na cátedra de Moisés e julgar, às vezes com superioridade e superficialidade, os casos difíceis e as famílias feridas" (AL 305).

Sobre a impossibilidade ou não da comunhão eucarística pelos casais católicos em segunda união, a *Amoris Laetitia* propõe o discernimento dos pastores nas diversas situações e condições dos casais, que não devem ser catalogadas ou encerradas em afirmações demasiado rígidas, sem deixar espaço para um adequado discernimento pessoal e pastoral. Esses casais devem ser auxiliados pelo bispo, pelos padres e pela Pastoral Familiar: Casais Católicos em Segunda União, que não se preocupa só com a sacramentalização dos seus membros, mas com a evangelização, apoiada na exigência do testemunho, com o princípio da misericórdia, fundado no princípio da verdade. E tem como dever correlato e fundamental reafirmar e defender o princípio da indissolubilidade do matrimônio. Segundo Guimarães (1994, p. 49), "na linha de alimentar a conversão e de colocar em realce as exigências de santidade de vida, mesmo nessas condições particulares".

A Pastoral Familiar: Casais Católicos em Segunda União, em sintonia com os ensinamentos da Igreja, além de integrar os casais católicos em segunda união na comunidade paroquial, visa auxiliar a estabilidade da segunda união, para uma vivência dos valores cristãos e para não permitir que ocorram novos divórcios ou separações.

Em suma, a Pastoral Familiar: Casais Católicos em Segunda União recorda aos casais os princípios fundamentais e iluminadores: o salvífico – Deus não nega a salvação a ninguém, em nenhuma situação; o batismal – quem vive a segunda união não renunciou ao Batismo e à fé; e o eclesial – os casais em segunda união são membros da Igreja e fazem parte da sua vida e da sua missão.

8.2 O fiel em segunda união e o sacramento da Unção dos Enfermos

Instituído por Cristo, insinuado por São Marcos, Evangelista (Mc 6,13), e recomendado por São Tiago, Apóstolo (Tg 5,14-15), o sacramento da Cura, chamado de "Unção dos Enfermos", é o sinal sensível e eficaz do amor de Deus, que confere uma graça especial àqueles que sofrem de doença grave ou se veem seriamente ameaçados pela fragilidade da velhice (CIC, n. 1527).[3]

Não é um sacramento só daqueles que se encontram às portas da morte (SC, n. 73), mas sim de salvação total, por proporcionar alívio, esperança, reconforto, coragem, paz, perdão – trazendo até, também, se for da vontade do Senhor, a cura, tanto na dimensão física como na espiritual.

Pela força desse sacramento, o fiel católico recebe o poder e o dom de unir-se mais intimamente à paixão de Cristo, ao oferecer seus sofrimentos para o bem e a santificação do povo de Deus e ao assumir a vocação de participar na obra redentora de

---

[3] A gravidade da doença será julgada segundo critérios de prudência e probabilidade, cabendo ao padre sensibilidade e discernimento maduro, além de poder solicitar assessoria junto a profissionais da saúde.

Jesus. E, ainda, garante ao fiel que ele não está sozinho, mas a Igreja como um todo vai ao seu encontro e se faz presente na situação de sofrimento em que ele vivencia: pela oração com fé, pela imposição das mãos e pela unção com o óleo sagrado (CIC, n. 1521).

Pela sagrada "Unção dos Enfermos" e pela oração dos presbíteros, a Igreja toda entrega os doentes aos cuidados do Senhor sofredor e glorificado, para que os alivie e salve. Exorta os mesmos a que livremente se associem à paixão e morte de Cristo e contribuam para o bem do povo de Deus (*Lumen Gentium* [LG], n. 11).

A "Unção dos Enfermos" também perdoa os pecados e apaga (se ainda restarem a expiar) as consequências destes. Santo Tomás explica essa realidade e o efeito do perdão e da satisfação dos pecados, argumentando que o ser humano, na sua fragilidade, não tem conhecimento ou recordação de todos aqueles cometidos, para poder absolvê-los no sacramento da Reconciliação, nem condições de satisfazer plena e perfeitamente os efeitos de suas faltas cotidianas. Assim, o sacramento da "Unção dos Enfermos" suprime os pecados e purifica o fiel na sua partida derradeira, a fim de que nada leve consigo que repugne à glória do céu.

Contudo, o fiel que solicita receber o sacramento da "Unção dos Enfermos" esperando o perdão dos pecados deveria ser encaminhado ao sacramento da Reconciliação e, se busca um remédio para a saúde, deve ser orientado a procurar um médico. Aliás, a "Unção dos Enfermos" tem de ser recebida após o sacramento da Reconciliação sempre que o fiel tenha condições de se confessar, uma vez que não supre a Reconciliação sacramental, quando esta seja possível, mas supõe-na (BETTENCOURT, 2002).

O fiel católico divorciado que voltou a se casar, e sofre de doença grave ou se encontra seriamente ameaçado pela fragilidade da velhice, ou mesmo que esteja em perigo de vida, tem o direito de receber a "Unção dos Enfermos", o perdão dos pecados e a Sagrada Comunhão. Porém, em caso da recuperação da doença grave que padecia, e se ele decidir retomar a vida de antes, com o(a) cônjuge em segunda união, o impedimento se restabelece e ele não pode nem se confessar nem comungar.

Esse sacramento faz lembrar o princípio da caridade evangélica expresso no cânone 1752, *salus animarum supremea lex est*: "A salvação das almas é a suprema lei na Igreja". Em outras palavras, diante do perigo de vida, cessam-se todos os impedimentos, pois a salvação do fiel está acima de qualquer norma ou preceito; tudo deve ser feito para que o "filho volte a casa, são e salvo".

CAPÍTULO 9

Questões pastorais

No tempo de sua vida terrena, Jesus formou progressivamente a comunidade dos discípulos para continuarem a sua missão de anunciar e realizar o Evangelho no mundo, fazendo o que ele fez (Mc 3,13-19; Mt 10,1-42; Lc 6,13).

Depois da ressurreição, Jesus se faz presente aos apóstolos e os orienta sobre a missão que irão assumir, com a certeza de que ele vive e que estará presente com eles em toda ação evangelizadora. Pela força do Espírito Santo, garante-lhes autoridade e fecundidade na missão de proclamar a fé e implantar o Reino de Deus (Mt 28,20; At 2,1-26). Essa missão divina confiada por Cristo aos Apóstolos deve ser atualizada até o fim dos tempos (Mt 28,20).

A Igreja querida pelo Pai, realizada pelo Filho e manifestada pelo Espírito Santo assume a missão de Jesus, que é continuada pelos Apóstolos, para conduzir as pessoas à comunhão com o Pai, pelo Filho, no Espírito Santo.

Segundo a Exortação Apostólica sobre a Evangelização do Mundo Contemporâneo (1975), a Igreja nasce da ação evangelizadora de Jesus e dos Doze Apóstolos, e se estabelece no mundo como sinal de uma nova presença de Jesus, sacramento da sua partida e da sua permanência. Ela o prolonga e lhe dá continuidade. Dessa forma, é a depositária do conteúdo do Evangelho que há de ser anunciado, guardando-o como um depósito vivo e precioso, para comunicá-lo, assumindo a missão de evangelizar.

Evangelizar constitui, de fato, a graça e a vocação própria da Igreja, a sua mais profunda identidade. Ela existe para evangelizar, ou seja, para pregar e ensinar, ser o canal do dom da graça, reconciliar os pecadores com Deus e perpetuar o sacrifício de Cristo na santa missa, que é o memorial da sua morte e gloriosa ressurreição.

Na Evangelização, Cristo é fonte, origem e razão de todo e fecundo apostolado, tanto dos ministros ordenados como dos leigos, que exercem de acordo com as vocações os apelos da época, os dons variados do Espírito Santo, a missão que Deus confiou para a Igreja cumprir no mundo; um apostolado único da caridade nas mais diversas formas (CIC, nn. 864, 871).

9.1 A participação dos casais em segunda união nas atividades paroquiais

Os batizados que se divorciaram e voltaram a se casar, depois de um Matrimônio sacramentalmente válido e carnalmente consumado, são também denominados pela Igreja como fiéis leigos, como qualquer pessoa que nasceu das águas do Batismo, e, por serem batizados, portadores de todos os direitos e deveres desse estado laical.

Nenhuma desordem ou irregularidade de vida, nem sequer o divórcio e a segunda união conjugal, tem a virtude de cancelar o caráter e o vínculo do Batismo. Por isso, a Igreja, quando se dirige a esses casais, utiliza sempre a palavra "fiel", para confirmar essa condição. Como fiéis leigos, os casais em segunda união devem exercer atividades evangelizadoras, não só na vida pessoal e familiar, mas também na comunidade paroquial.

Não é pelo fato de terem tido problemas quanto ao matrimônio que devam ter problemas nas demais dimensões da vida cristã e humana. Os casais católicos em segunda união não viverão a graça do Matrimônio, mas devem crescer cada vez mais na graça batismal e na confirmação (GRINGS, 1992).

Como todo fiel leigo, pelo Batismo os casais católicos em segunda união assumem o desafio de ser, perante o mundo e inserido nas realidades terrenas, uma testemunha da ressurreição e vida do Senhor Jesus e sinal do Deus Vivo. Em outras palavras, na medida de suas possibilidades e estado de vida assumem a missão de atualizar Jesus Cristo e o seu Evangelho, tanto na Igreja quanto na sociedade. Sua ação evangelizadora é caracterizada pela índole secular.

Daí se falar em protagonismo desses casais como presença e atuação, ou serviço no mundo, como evangelizadores e construtores de uma sociedade justa e fraterna, diretamente comprometidos com os diversos campos da cultura: da política, da promoção do bem comum, nos diversos setores (GRINGS, 1997).

O Concílio Vaticano II recorda a participação dos fiéis leigos pela graça batismal na função sacerdotal, profética e real de Cristo, e a eles é confiada, de modo especial, a missão de procurar desenvolver o Reino de Deus nas realidades temporais e ordenando-as segundo o plano salvífico de Deus (LG, n. 31).

O trabalho missionário da Igreja, quer dos ministros ordenados quer dos leigos, leva à criação de comunidades, e as comunidades, uma vez estabelecidas na tríplice missão de ensinar, santificar e reger, são organizadas em paróquias que, unidas, formam as dioceses. Assim, será a paróquia um dos lugares concretos e adequados para os leigos exercerem sua missão evangelizadora.

João Paulo II até exorta os padres e bispos e toda a comunidade dos fiéis a ajudarem os casais católicos em segunda união no sentido de que participem da vida da comunidade, promovendo com caridade solícita o acolhimento deles na Igreja (FC, n. 84).

Os casais católicos em segunda união, como todo batizado, têm obrigação, por exigência da vocação que abraçaram, de contribuir nas atividades evangelizadoras na comunidade paroquial de que participam.

Segundo João Paulo II, toda a Igreja deve ajudar os casais em segunda união a cultivarem e incrementarem as inúmeras e necessárias obras de caridade e as diversas iniciativas da comunidade em favor da justiça (FC, n. 84).

Posteriormente às orientações da *Familiaris Consortio*, com zelo pastoral, João Paulo II, em 1997, solicitou à Congregação para a Doutrina da Fé uma orientação mais específica aos bispos e padres sobre a difícil tarefa de acompanhamento pastoral dos fiéis divorciados que voltaram a se casar (casais em segunda união). Essa Congregação, recorrendo às significativas intervenções do Magistério, de artigos publicados pelo *L'Osservatore Romano*, de comentários e estudos sobre o assunto, organizou o livro *Sobre a atenção pastoral dos divorciados que voltaram a se casar* (1997).

Os textos do livro vieram acompanhados de uma introdução elaborada pelo então Cardeal Ratzinger, Prefeito da Congregação para a Doutrina da Fé, que resumiu as principais objeções suscitadas no seio da Igreja em relação à doutrina e à disciplina nas situações dos fiéis divorciados que voltaram a se casar, e propôs algumas linhas gerais para responder a tais objeções.

A terceira questão apresentada por ele refere-se à participação ativa dos fiéis casais em segunda união na vida da Igreja, e como essa atuação pode ser compatível com a situação objetiva de irregularidade desses casais. Como resposta, argumenta que essa participação deve ser acolhida e incentivada, com algumas restrições.

Ratzinger descreve que, sem dúvida, os fiéis casais católicos em segunda união podem e devem tomar parte nas muitas atividades vitais, e isso não pode se reduzir ao tema da recepção da comunhão, como, infelizmente, sucede com frequência, e retoma as exortações que a *Familiaris Consortio*, n. 84, faz sobre a participação desses casais fiéis na vida da Igreja (pp. 17 e 18).

Entretanto, na quinta questão, o então Cardeal retoma o Catecismo da Igreja Católica, no número 1650, e descreve algumas responsabilidades eclesiais que os fiéis casais em segunda união não podem exercer em face da situação objetiva de terem contrariado a lei de Deus (Mc 10,11-12). Responsabilidades estas que pressupõem um testemunho de vida cristã particular, como: serviços litúrgicos (leitor, ministros extraordinários da Palavra e comunhão), serviços catequéticos (professor de religião, catequista de primeira comunhão ou confirmação), participação como membros dos conselhos diocesanos ou paroquiais.

O então Cardeal argumenta que essas atividades exigem desses casais uma plena vivência eclesial e sacramental, e que levem uma vida de acordo com os princípios morais da Igreja. E que isso não signifique que os fiéis em segunda união sejam discriminados, mas se trata das consequências intrínsecas de sua situação objetiva de vida. Ainda expõe que o bem comum da Igreja estabelece que se evite a confusão e, em qualquer caso, um possível escândalo.

Por outro lado, deixa bem claro que nessa problemática a questão não se pode restringir unilateralmente aos fiéis em segunda união, porém, ser afrontada de modo mais profundo e amplo. Ele argumenta essa declaração, utilizando uma norma do Diretório para a Pastoral Familiar dos bispos italianos, que diz:

> A participação dos divorciados que voltam a se casar na vida da Igreja está condicionada por sua pertença não plena a ela. É evidente, portanto, que não podem desenvolver na comunidade eclesial os serviços que exigem plenitude de testemunho cristão, como os serviços litúrgicos e em particular de leitor, ministério de catequista, ofício de padrinho para os sacramentos.[1] Na mesma perspectiva se deve excluir sua participação nos conselhos pastorais, cujos membros, compartilhando em

---

[1] Sobre a função de padrinho, iremos tratar do assunto nos itens 9.4 e 9.5.

plenitude a vida da comunidade cristã, são de alguma maneira seus representantes e delegados. Não existem, ao contrário, razões intrínsecas para impedir que um divorciado que voltou a casar-se seja testemunha na celebração do matrimônio; no entanto, a prudência pastoral pede evitá-lo, pelo claro contraste que existe entre o matrimônio indissolúvel e aquele das pessoas que testemunham pessoalmente uma situação de violação da indissolubilidade (n. 218).

Assim, os casais em segunda união, como batizados que são, podem e devem ter na paróquia uma atuação eficaz e eficiente, como instrumentos e colaboradores nas tarefas e ministérios pastorais possíveis.

É evidente que a participação nas atividades evangelizadoras de uma paróquia, tanto dos casais católicos em segunda união quanto dos de primeira união, está condicionada à realidade e à orientação de cada diocese e das respectivas paróquias, pois cabe ao pároco, sob a autoridade do Bispo diocesano, a exemplo de Jesus, Bom Pastor, o dever de conhecer os fiéis leigos, partilhar de suas preocupações e, ainda, reconhecer, discernir e promover a participação dos fiéis batizados na vida paroquial, de modo a harmonizar as diversas realidades, de forma tal que ninguém se considere estranho na comunidade (*Presbyterorum Ordinis*, n. 1171).

Os fiéis batizados nunca devem esquecer que a "consciência" é um atributo fundamental do ser humano para as decisões e ações humanas, cristãs e eclesiais, pois todas as normas da Igreja são relativizadas com a lei suprema da Igreja, que é a "salvação das almas" (cân. 1752). Porém, este princípio não pode simplesmente invalidar todos os outros. É aqui que entra a atitude pastoral de mente e de coração, aplicada a casos específicos, e não como princípio geral.

Um "novo" caminho se abre sobre a participação dos casais em segunda união na vida da Igreja, quando na Exortação Amoris

Laetitia (2016), o Papa Francisco convida os pastores a "formar" consciências, não "substituí-las". Pede, assim, que as consciências sejam respeitadas como tribunais onde a lei, a doutrina e a situação individual da vida real podem ser pensadas juntas e examinadas. Confere pois às famílias o protagonismo em formar a consciência não "fora" da lei, mas "além" dela. Retoma, portanto, os ensinamentos tradicionais da Igreja sobre a consciência e estimula um debate teológico a respeito da maneira como a lei deve ser aplicada e que lugar a consciência ocupa.

Papa Francisco, ainda na Exortação Pós-Sinodal *Amoris Laetitia* (2016), incentiva os casais a participarem da vida da Igreja e que ela se abra ao acolhimento e à integração, levando em conta que é preciso discernir quais das diferentes formas de exclusão atualmente praticadas em âmbito litúrgico, pastoral, educativo e institucional podem ser superadas. Não só os casais não devem sentir-se excomungados, mas podem viver e maturar como membros vivos da Igreja, sentindo-a como uma mãe que sempre os acolhe, cuida afetuosamente deles e encoraja-os no caminho da vida e do Evangelho. Essa integração é necessária também para o cuidado e a educação cristã dos seus filhos, que devem ser considerados o elemento mais importante.

9.2 Casais católicos em segunda união e a Pastoral Familiar

A prática pastoral e a experiência nas comunidades paroquiais indicam e demonstram que o lugar mais propício para os casais exercerem a sua missão evangelizadora é através da Pastoral Familiar e em conjunto com esta, que tem toda uma organização e meios próprios para testemunhar, auxiliar, defender e promover a vida familiar.

Tanto os casais em primeira união quanto os de segunda união terão sempre os objetivos de defesa, afirmação e valorização do sacramento do Matrimônio e da família. No entanto, os casais católicos em segunda união terão um itinerário diversificado, quando se trata do caminho de conversão pessoal. Os casais em primeira união terão a preocupação de conservar em suas vidas o ideal do matrimônio cristão e a união sacramental; já os de segunda união, deverão conscientizar-se e aceitar as consequências da situação irregular em que se encontram, buscando a imitação séria, fiel e perseverante do ideal do matrimônio cristão e procurando manter estável e feliz essa segunda união, para não suceder uma terceira ou quarta união.

Assim, caminhando por estradas comuns e diferentes, os casais trazem o desafio batismal de tornar Jesus Cristo conhecido, amado, vivido e testemunhado.

Na Pastoral Familiar: Setor Casos Especiais, os casais católicos em segunda união podem e devem organizar um grupo de evangelização específico, de acordo com a realidade em que se encontram, o qual tenha linguagem própria e uma experiência comunitária/pastoral nos moldes da organização que a Pastoral Familiar apresenta sua ação evangelizadora.

Nessa pastoral, os casais católicos em segunda união que experimentaram a misericórdia de Deus e compreenderam e acolheram o princípio da verdade sobre a família são impelidos a gestos de gratidão e testemunho cristão para outros casais que vivem essa mesma realidade, ou outras, ajudando-os a fazer a experiência de misericórdia e verdade. Longe de ser uma pastoral de segunda categoria ou de sentimentalismo, de simples compaixão, tampouco de rigidez e legalismo, deve procurar realizar aquilo que o próprio nome expressa: pastorear, congregar, orientar, cuidar, zelar, corrigir, animar. Uma pastoral que, diferentemente de todas as outras, não tem o objetivo de aumentar o número de seus membros.

Através da Pastoral Familiar, os casais católicos em segunda união poderão dar uma valiosa contribuição no setor pré-matrimonial, através do testemunho de suas experiências de vida, instruindo e alertando os namorados e noivos para se prepararem mais e melhor, com seriedade e maturidade, para o Matrimônio, na educação para o amor.

Poderão ainda contribuir através da Pastoral Familiar com os recém-casados ou nos grupos de apoio e ajuda, bem como nos encontros e reencontros de casais, promovendo, com propriedade e coerência, o amor à família e a fidelidade à Igreja, colaborando na luta contra a separação e o divórcio e contra tudo o que diminui a dignidade humana.

Nas atividades junto à Pastoral Familiar, o casal católico em segunda união terá o grande desafio pessoal de estar consciente e se posicionar de acordo com sua realidade, sem ter a intenção de ser aceito ou acolhido como casal em primeira união, e compreender que os assuntos tratados se dirigem sempre no sentido de manter a doutrina cristã católica da indissolubilidade e unidade matrimonial, não tendo o intuito ou a preocupação de relacioná-los diretamente à situação pessoal deles.

É evidente que os assuntos (divórcio, separação, adultério objetivo e outros) podem causar certo constrangimento, em especial quando os casais católicos em segunda união começam a participar ativamente dessas atividades; no entanto, deverão se esforçar e serem ajudados para não sentirem ou se posicionarem como casais de segunda categoria, ou mesmo inferiores ou indignos. Basta recordar e seguir as palavras de João Paulo II, quando exorta a todos que a Igreja, como Mãe misericordiosa, foi instituída pelo Cristo Jesus para conduzir à salvação todos os homens e, sobretudo, os batizados; assim, ela não pode abandonar aqueles que – unidos já pelo vínculo matrimonial sacramental – contraíram novas núpcias. Por isso, esforçar-se-á infatigavelmente por oferecer-lhes os meios de salvação, em especial rezar, encorajar, sustentá-los na fé e na esperança (FC, n. 84).

No que diz respeito à participação dos casais em segunda união nas atividades paroquiais através da Pastoral Familiar, poderão participar de forma muito ativa em todas as ações evangelizadoras que essa Pastoral comumente realiza, respeitando e acatando sempre as orientações do pároco, que estará em sintonia com o Bispo diocesano.

Além da Pastoral, os casais em segunda união que não negaram a sua fé nem o seu Batismo, mesmo estando em situação irregular, pertencem à comunidade eclesial e são verdadeiras testemunhas de obediência ao Magistério da Igreja, quando se abstêm conscientemente – não sem sofrimento, constrangimento e dor – da participação nos sacramentos da Penitência e do Matrimônio e na comunhão eucarística.

Pode acontecer que, com a atuação efetiva dos casais em segunda união na Pastoral Familiar junto aos namorados e noivos, recém-casados ou mesmo à comunidade, desperte nos padres, bispos ou agentes de pastorais a preocupação de induzirem essas pessoas a erro e confusão quanto ao princípio da indissolubilidade do matrimônio.

Essa preocupação pastoral é uma realidade, visto que temos preconceitos e juízos morais claros e objetivos em relação ao divórcio e à segunda união; no entanto, a presença e contribuição dos casais católicos em segunda união motivam o processo evangelizador na formação de consciência, difusão dos ensinamentos oficiais da Igreja sobre esse assunto e na vivência cristã autêntica, proporcionando à comunidade paroquial crescer à estatura de Cristo, assumindo os mesmos sentimentos e condutas dele.

O *Diretório da Pastoral Familiar* solicita aos membros da Igreja um cuidado pastoral adequado a cada uma das situações em que se encontram os casais católicos em segunda união, dando-lhes uma atenção peculiar e personalizada, levando em conta, prudentemente, as diferentes circunstâncias e procurando oferecer-lhes canais de participação na vida da Igreja, como, por exemplo: incorporando-os à oração comunitária e sustentando-os na perseverança da fé por meio da oração pessoal e familiar; motivando-os a cultivar a devoção para com a Eucaristia, mediante as visitas ao Santíssimo Sacramento e a "comunhão espiritual", quando retamente entendida; estimulando e exortando-os a participarem da missa dominical, animando-os a escutar e meditar a Palavra de Deus e a fazer atos de penitência; convidando-os a tomarem parte nas práticas de caridade e nas promoções sociais na Igreja, a fim de proporcionar meios para que aumentem a fé e a esperança (n. 395).

O *Diretório*, no que se refere à atuação e participação dos casais católicos em segunda união, se preocupa com os filhos desses casais e exorta vivamente as comunidades paroquiais para que acolham paternal e maternalmente os casais na ocasião do Batismo dos filhos.

9.3 O Batismo dos filhos de pais em segunda união

Tratarei do tema neste item especial, tendo em vista as inúmeras situações tristes e constrangedoras que já vivenciaram e que ainda enfrentam muitos desses casais, quando, por falta de informações de alguns párocos, lhes é negado o Batismo dos filhos.

O *Catecismo da Igreja Católica* (1993) ensina que o Batismo é o fundamento de toda a vida cristã; é a entrada da vida no Espírito que dá acesso aos demais sacramentos (n. 1213). Constitui o nascimento para a vida nova em Cristo, pois com ele recebemos a graça de nos tornar filhos amados de Deus, templos do Espírito Santo e membros da Igreja; uma graça e um dom de Deus que não supõe méritos humanos e necessários para a salvação.

É tão importante o Batismo àqueles que querem seguir Jesus Cristo, que a Igreja já nos tempos mais antigos ministrava esse sacramento às crianças, para que desde pequenas pudessem, pela graça batismal, se assemelhar cada vez mais a Jesus Cristo.

A Igreja, como Mãe, considera tão fundamental esse sacramento que, em caso de necessidade, diante da ausência do ministro ordinário, qualquer pessoa pode batizar, com a condição de que tenha a intenção de fazer como a Igreja, e derrame água sobre a cabeça do candidato, dizendo: "Eu te batizo em nome do Pai e do Filho e do Espírito Santo" (CIC, n. 1284).

O Código de Direito Canônico, mostrando a necessidade do Batismo para a vivência cristã plena, considera que por ele a pessoa é incorporada à Igreja de Cristo, como membro do povo de Deus e, assim, chamada a exercer, com os deveres e os direitos que são próprios dos cristãos, a seu modo, no múnus sacerdotal, profético e régio de Cristo, a missão que Deus confiou para a Igreja cumprir no mundo (n. 204).

Através do Catecismo, do Código de Direito Canônico e de tantos outros documentos e pronunciamentos eclesiais, entre eles o *Diretório da Pastoral Familiar* (n. 171), percebe-se a grande preocupação da Igreja Católica em tornar explícita a responsabilidade direta e primordial dos pais em dar uma sincera e profunda educação cristã católica aos filhos na comunidade eclesial.

Destaco aqui o *Documento de Aparecida* (2007), quando se refere à família como maior educadora dos filhos:

> No seio de uma família, a pessoa descobre os motivos e o caminho para pertencer à família de Deus. Dela recebemos a vida que é a primeira experiência do amor e da fé. O grande tesouro da educação dos filhos na fé consiste na experiência de uma vida familiar que recebe a fé, conserva-a, celebra-a, transmite-a e dá testemunho dela. Os pais devem tomar nova consciência de sua alegre e irrenunciável responsabilidade na formação integral dos filhos (n. 118).

Que eles (os casais católicos de segunda união) não se descuidem da educação dos filhos, aproveitando até mesmo de sua experiência, a fim de assegurar-lhes uma sólida preparação para a vida e, se chamados ao estado matrimonial, para que procurem vivenciar o verdadeiro amor conjugal e familiar, o qual lhes dará perfeita convivência na unidade de vida a dois (Nota Pastoral dos Bispos da Região Sul 1, 30/10/2003).

Os casais católicos em segunda união, como batizados seguidores dos ensinamentos da Igreja e pais solícitos, recebem da Igreja a exortação de que devem educar os filhos na fé cristã (FC, n. 84), fazendo-os partícipes de todo o conteúdo da sabedoria evangélica, segundo ensina a Mãe Igreja. Os pais são ainda relembrados de que essa educação na fé dentro da comunidade eclesial é uma obra que lhes prepara o coração para acolherem a força e a claridade necessárias para superar as dificuldades reais que encontram em seus caminhos e plena transparência do mistério de Cristo, que o matrimônio cristão significa e realiza (João Paulo II, Alocução de 1997, Discurso 4).

Dessa forma, podemos entender que os pais – tanto em primeira como em segunda união – têm a obrigação de cuidar que seus filhos sejam batizados dentro das primeiras semanas; logo depois do nascimento, ou mesmo antes, dirijam-se ao pároco a fim de pedir o sacramento para o filho e serem devidamente preparados para ele (cân. 867, § 1). E, ainda, que demonstrem por palavras e gestos concretos que educarão os seus filhos na religião católica, possibilitando que estes completem a iniciação cristã e que, desde pequenos, possam utilizar o direito de participar na comunidade, conforme a idade e as condições (cân. 868, § 1).

Os pais que desejam a vida cristã aos seus filhos, mesmo aqueles em segunda união, não devem ser privados de levá-los às águas do Batismo, em especial se esses pais são instruídos sobre o significado desse sacramento e as obrigações dele decorrentes, bem como se procuram viver a vida cristã na comunidade paroquial e se têm um grau suficiente de maturidade sobre a situação irregular que vivenciam.

É prática na Igreja não negar o Batismo aos filhos provenientes de qualquer tipo de união ou situação especial. Eles têm direito a receber a graça batismal, e a Igreja os acolhe sempre com solicitude paternal e estimulando os pais a educá-los cristãmente, evitando sempre toda discriminação nesse sentido.

9.4 O casal católico em segunda união e o encargo de padrinho e madrinha de Batismo e Crisma

Antes de tratar da permissão ou não de os casais em segunda união estarem aptos a assumir o compromisso de padrinhos de Batismo, primeiramente é importante entender que ser padrinho não significa apenas tornar-se amigo mais próximo dos pais da criança batizada, ou, por educação, não poder dizer não à função nem apenas tomar o título de "compadre/comadre", mas, junto com os pais, apresentar a criança à Igreja e assumir o compromisso de lhe transmitir a educação católica.

Como padrinhos, assumem a grande responsabilidade de acompanhar e colaborar com os pais da criança em sua formação religiosa e necessidades materiais, para que o batizado "leve uma vida de acordo com o Batismo e cumpra com fidelidade as obrigações inerentes" (CDC, cân. 872).

As expressões "padrinho" e "madrinha" significam, respectivamente, "protetor" e "protetora". Pais e padrinhos se tornam "compadres". Compadre quer dizer "aquele que está com o pai", e comadre, "aquela que está com a mãe". Em sintonia com essa função afetiva e efetiva de segundos pais, a criança se torna "afilhada", palavra latina *ad-filiatus*, que tem o sentido de "adotado como filho", "protegido".

É tão importante a missão de padrinhos, que é de praxe e tradição que, se porventura a criança ficar órfã, os padrinhos devem assumir a responsabilidade de zelar e cuidar da vida dela. Essa prática pode ter suas raízes na Igreja primitiva, na qual a vida cristã era muito difícil e incerta, devido às perseguições aos cristãos e às constantes guerras, que levavam muitas pessoas a morrer prematuramente. Com a grande possibilidade da morte dos pais, a criança batizada ficaria sob os cuidados de uma família pagã. Para evitar isso, a Igreja passou a adotar padrinhos, e estes assumiam o papel de pais espirituais.

O Ritual do Batismo de Crianças (2005), quando trata dos ofícios e funções na celebração do Batismo (n. 7), pede aos pastores que exijam que o padrinho escolhido tenha maturidade para desempenhar esse ofício.

Na celebração do batizado, os padrinhos estão incluídos no próprio ritual e, presentes na celebração, são questionados se estão dispostos a colaborar com os pais na missão de ajudar a criança a desenvolver-se na fé, observar os mandamentos e viver na comunidade dos seguidores de Jesus. E ainda é exigido dos padrinhos que professem a fé católica publicamente. Assim, impõe-se que os padrinhos (supondo um padrinho e uma madrinha) sejam também batizados e que recebam instrução sobre os deveres e responsabilidades que assumem.

O Código de Direito Canônico, no cânone 874, § 1, apresenta algumas posturas e normas para aceitar uma pessoa como padrinho ou madrinha e descreve cinco itens necessários para uma pessoa assumir tal missão.

No item primeiro do cânone 874, § 1, é pedido que os padrinhos sejam designados pelo batizando, por seus pais, por quem lhes faça as vezes ou, na falta deles, pelo próprio pároco ou ministro, e tenham aptidão e intenção de cumprir esse encargo; no segundo, que tenham completado dezesseis anos de idade, a não ser que outra idade tenha sido determinada pelo Bispo diocesano, ou pareça ao pároco ou ministro que se deva admitir uma exceção por justa causa; o item terceiro elenca, dentre outros atributos (ser católicos e terem completado sacramentalmente a iniciação na vida cristã), a necessidade de os padrinhos levarem uma vida de acordo com a fé e o encargo que vão assumir; no item quarto, solicita-se ainda que eles não tenham sido atingidos por nenhuma pena canônica legitimamente irrogada ou declarada, e, por fim, no último item, que não sejam nem pai nem mãe do batizado.

No caso de os casais católicos em segunda união assumirem a função de padrinhos de Batismo, nenhum documento universal da Igreja Católica nem o *Código de Direito Canônico* faz referência específica sobre o assunto.

Entretanto, alguns clérigos e canonistas argumentam a proibição de os fiéis em segunda união serem padrinhos, apoiando-se, talvez, no cânone 874, § 1, especificamente no item terceiro, pois esses casais não estão em situação regular com a doutrina cristã (violaram as propriedades essenciais do matrimônio), vivem em desacordo com a fé e, por isso, não estão aptos a servir como padrinhos.

O então Cardeal Ratzinger, na introdução do livro *Sobre a atenção pastoral dos divorciados que voltaram a se casar* (1997, pp. 20-21), na resposta à questão quinta, escreve que os fiéis casais em segunda união estão impossibilitados de exercer o encargo de padrinhos porque sua situação contradiz objetivamente o mandamento de Deus sobre a indissolubilidade; assim, não levam a vida de acordo com a fé e o encargo que vão assumir (CDC, cân. 874, § 1, 3).[2] Ele ainda descreve que um novo estudo, com a participação do Pontifício Conselho para as interpretações dos textos legislativos, tem demonstrado que essa

---

[2] No texto se diz "fuera de los problemas aqui tratados", e como o texto se referia ao cânone 874, § 1, 3, supomos que esses problemas, a que se refere o então Cardeal, diziam respeito ao cânone mencionado.

norma jurídica é clara e evidente. No entanto, faz-se notar que as condições necessárias para assumir o encargo de padrinho, fora dos problemas tratados (cân. 874, § 1), deveriam ser entendidas (precisadas) com exatidão, para consentir maior valor a seu significado e evitar abusos na pastoral. Nesse sentido, expõe ainda o então Prefeito da Congregação para a Doutrina da Fé que já se tem dado passos nessa direção. Contudo, é sempre salutar manter as consequências intrínsecas de sua situação objetiva de vida, sem restringir unilateralmente os fiéis divorciados que voltaram a se casar a essa problemática, e, por conseguinte, o então Cardeal desafia a afrontar de modo mais profundo e amplo essa situação (p. 22).

Essa posição de Ratzinger, além de apoiar-se no item terceiro do Código de Direito Canônico (cân. 874 § 1), pode ter tomado como base as normas e a declaração dos bispos italianos no *Diretório da Pastoral Familiar.*[3]

Diante dessa problemática canônica e pastoral, surgem alguns questionamentos que podem motivar um diálogo interessante e contundente sobre a temática: o que se pode entender com "viver de acordo com a fé e com o encargo que vão assumir?"; se os fiéis divorciados que voltaram a se casar forem participantes da vida eclesial e levarem uma vida de acordo com o Evangelho, mesmo em situação objetiva irregular, não estariam aptos a colaborar com a educação da fé, em que os pais são os primeiros responsáveis? Ou ainda, se esses casais católicos em segunda união estão aptos a assumir o encargo de educar seus filhos na fé e exortados, quer pelo *Catecismo da Igreja Católica*

---

[3] "A participação dos divorciados que voltam a se casar na vida da Igreja está condicionada por sua pertença não plena a ela. É evidente, portanto, que não podem desenvolver na comunidade eclesial os serviços que exigem plenitude de testemunho cristão, como os serviços litúrgicos e, em particular, de leitor, ministério de catequista, ofício de padrinho para os sacramentos" (p. 218).

(n. 1651),[4] quer pela Exortação Apostólica *Familiaris Consortio*, n. 84,[5] a cumprir essa função, não estariam aptos a colaborar na educação da fé como padrinhos?

Afrontando esses questionamentos, Dom Dadeus Grings, o então arcebispo de Porto Alegre, exímio canonista e zeloso pastor, apresentou uma reflexão, no dia 10 de abril de 2009, acerca dos casais católicos em segunda união, especificamente sobre a condição de padrinhos:

> Mais amplamente se perguntaria sobre o que, afinal, os casais em segunda união podem fazer na Igreja, o que, muitas vezes, se traduz pelo negativo: o que não podem fazer? Estamos acostumados a distinguir entre teoria e prática, o que, em linguagem jurídica, se traduz por tese e hipótese. Não se quer cair no relativismo, como se teoria não valesse na prática ou que a hipótese anulasse a tese. A teoria ou a tese é que, quando um casal se divorcia, ele é infiel não só ao seu matrimônio, mas também à Igreja e a Deus, que o uniu em primeira união com um sacramento. Sua segunda união não conta, pois, com as bênçãos de Deus e nem da Igreja. Numa palavra, vivem em situação irregular diante de Deus e da Igreja. Consequentemente, não podem exercer uma série de atos que supõem fidelidade e coerência com a situação de vida. Neste sentido, eles não podem comungar, nem ser padrinhos. Mesmo não sendo excomungados, estão, na verdade, afastados da Igreja. E para dizer tudo: não costumam frequentá-la.
>
> Na prática, ou na hipótese, porém, de que eles se voltem para a Igreja e, mais ainda, que a Igreja vá ao encontro deles, conforme pede João Paulo II na Exortação Apostólica *Familiaris Consortio*,

---

[4] "Àqueles que conservam a fé e desejam educar cristãmente seus filhos, os sacerdotes e toda a comunidade devem dar provas de uma solicitude atenta" (CIC, n. 1651).

[5] "a educarem os filhos na fé cristã" (FC, n. 84).

n. 84, que "juntamente com o Sínodo exorta vivamente os pastores e toda a comunidade dos fiéis a ajudar os divorciados, promovendo com caridade solícita que eles não se considerem separados da Igreja, podendo, ou melhor, devendo, enquanto batizados, participar da sua vida", a proibição de ser padrinhos pode ser suspensa. A Igreja não põe o fiel simplesmente diante da lei, mas diante do Pastor, que, eventualmente, pode dispensar dos impedimentos que a lei estabelece, porque vê a disposição interior. Portanto, quando o casal em segunda união volta para a prática na Igreja, está em condições não só de educar cristãmente seus afilhados, como também de receber, em consequência, a dispensa: é que ninguém é perfeito neste mundo. Nem os casais em primeira união o são. Portanto, todos necessitam da misericórdia divina e da Igreja. Todos devem ser exortados à confiança em Deus e à conversão. Num encontro com casais em segunda união, alguém observou que seria impensável insistir na separação desta união, que já se consolidara. E não é certamente isto que a Igreja quer com a pastoral dos casais em segunda união. Nem é intuito da Igreja condená-los, mas acolhê-los com carinho. Mas, ao dizerem que a Igreja não teria mais nada para dar a eles, foi necessário relembrar que eles não estão excomungados e que necessitam da Igreja e que a Igreja necessita deles. A vida da Igreja continua neles.

Também Edson Luiz Sampel, membro da Sociedade Brasileira de Canonistas (SBC) e da Associação Internacional de Canonistas (Consociatio), descreveu em um e-mail, enviado a este autor no dia 24/04/2009, que não vê nenhum empecilho jurídico-canônico para que casais de segunda união desempenhem o múnus de padrinhos batismais. É importante observar um princípio geral de direito muito relevante para o caso: onde o legislador não faz restrição, é defeso ao aplicador da lei fazê-lo. Assim, está claro, segundo Sampel, que as restrições aos casais de segunda união dizem respeito à recepção direta dos sacramentos, mormente o sacramento da Eucaristia. E isso não é pouca coisa!

Por outro lado, a própria Igreja, em vários documentos, estimula a solicitude para com essas pessoas, admoestando os pastores a integrá-las à comunidade eclesial, na medida do possível. O esforço desses casais por superar os entraves decorrentes de sua situação, mantendo-se ligados à Igreja, já atesta um exemplo admirável para o afilhado. Sampel torna a repetir que, canonicamente falando, todo cerceamento de direito precisa ser interpretado de forma estrita. Assim sendo, ele considera que, se o Direito Canônico proíbe a participação da comunhão eucarística de casais em segunda união, não se pode daí inferir que a interdição se estenda a qualquer outro setor. Seria necessário que o legislador prescrevesse expressamente a proibição quanto a ser padrinho. Outro princípio assaz importante também deve ser igualmente respeitado. A lei eclesiástica tem de ser aplicada à luz do princípio da caridade evangélica, expresso no cânone 1752: "A salvação das almas é a suprema lei na Igreja" (*salus animarum supremea lex est*), conclui Sampel.

Pode-se ainda refletir com o Pe. Geraldo Corrêa, Vigário Judicial Adjunto do Tribunal Eclesiástico de Campinas, que, em resposta à solicitação por e-mail deste autor, descreve a possibilidade de os casais em segunda união serem padrinhos de Batismo ou Crisma:

a) os primeiros educadores na fé são os pais da criança; e no caso da Crisma, há o pressuposto da "maturidade" na fé, que advém com a preparação para a recepção do sacramento;

b) o cânone 872 diz que, "*enquanto possível*, seja dado um padrinho...", e o cânone 873 afirma: "admite-se um padrinho e uma só madrinha, ou também um padrinho e uma madrinha"; portanto, padrinhos não formam parte, necessariamente, da estrutura dos sacramentos do Batismo e da Crisma;

c) já o cânone 874,1, n. 3, elenca, dentre outros atributos, a necessidade de que o(s) padrinho(s) "leve uma vida de acordo com a fé e o encargo que vai assumir". De fato, aqui a coisa se complica. O que deveríamos perguntar é o que significa "viver de acordo com a fé", quando, nestes tempos tão confusos, existem tantos casais em segunda união. Será que, numa perspectiva pastoral, não seria olhar os "sinais" de fé e participação na comunidade eclesial que a pessoa possa nos fornecer? Como sabemos, existem muitos casais cujo "matrimônio" poderia ser objeto de uma análise do Tribunal e, quem sabe, ser declarado nulo, pois nunca foi sacramental. Se levarmos ao pé da letra a lei, batizaríamos poucas pessoas. Penso que se deveria conversar com os pais e padrinhos para aferir esses "sinais" e, em não os percebendo, tentar demovê-los desta função, o que é bastante difícil. Caso contrário, penso que deveríamos voltar ao espírito do cânone 872, que trata o padrinho como "subsidiário" aos pais, e aceitá-lo a fim de evitar um mal maior.

Considerando as questões expostas anteriormente e a não referência oficial específica da proibição por parte da Igreja Universal, poder-se-ia perguntar: seria possível resolver essa problemática canônica e pastoral (casais católicos em segunda união no encargo de padrinhos) condicionando a proibição, ou consentimento, à realidade e à orientação de cada diocese e às respectivas paróquias, ficando a cargo do pároco, sob a autoridade do Bispo diocesano, essa decisão?

Diante do crescente número de fiéis divorciados que voltaram a se casar em nossas comunidades, urge no meio eclesial e entre especialistas proporcionar espaços seguros e sinceros para dialogar sobre a questão, mesmo já se tendo dado passos largos. Acredito que, conforme os diálogos e as exigências forem tomando expressão, a nossa Mãe e Mestra, a Igreja, vai nos orientar de forma mais explícita sobre esse assunto.

9.5 O casal católico em segunda união e a função de testemunhas matrimoniais (padrinho e madrinha do Matrimônio)

A matéria do sacramento do Matrimônio é a união do homem e da mulher assumida na vida da Igreja, num contexto de amor e doação ordenados à procriação e à educação dos filhos. Sua forma sacramental é o consentimento mútuo dos nubentes, que se unem na comunhão da Igreja.

Daí que os protagonistas, os ministros do sacramento do Matrimônio, são os próprios noivos, que livremente consentem em se doar e receberem-se, contraindo o matrimônio. O ministro ordenado (bispo, padre, diácono), ou mesmo um leigo, autorizado pelo Bispo, são apenas testemunhas qualificadas do consentimento expresso dos nubentes e assistem ao consentimento dos esposos em nome da Igreja; no caso dos ministros ordenados, concedem um sacramental, a bênção nupcial da Igreja.

O Matrimônio é celebrado em um ato litúrgico público, que exprime visivelmente que o casamento é uma realidade eclesial (CIC, n. 1630). Como estabelece os cônjuges num estado público de vida na Igreja, convém que sua celebração seja no espaço de uma celebração litúrgica, diante do ministro ordenado (ou de leigos autorizados pelo Bispo), das testemunhas e da assembleia dos fiéis (CIC, n. 1663), para que haja certeza da realização do matrimônio e, assim, comprovação de tal ato público.

Diferentemente do Batismo e da Crisma, os chamados "padrinhos de casamento" são apenas testemunhas do acontecimento; assim, não há nenhum impedimento de que os casais em segunda união o sejam.

Por razões pastorais e para evitar escândalos, o pároco deve juntamente com os nubentes, através de um diálogo sincero, auxiliá-los na escolha das testemunhas matrimoniais, podendo utilizar-se da preparação para o Matrimônio (curso de noivos) e de uma conversa pastoral no momento do preenchimento do processo matrimonial.

9.6 Princípio da Epiqueia

Alguns teólogos e moralistas propõem à Igreja Católica que se permitam exceções a normas eclesiais em relação ao matrimônio indissolúvel, baseando-se nos tradicionais princípios da Epiqueia, tanto do ponto de vista da teologia moral como do jurídico.

Diante dessa posição que merece atenção, procuramos ilustrar essa complexa problemática como outro item pastoral, para compreender de forma sintética a impossibilidade da aplicação desse princípio na privação da recepção da comunhão eucarística e dos sacramentos da Penitência e Matrimônio aos casais em segunda união.

A palavra "epiqueia" vem do grego *epieikei* e significa "equidade", que, por sua vez, tem origem no latim *aequitas*, com o sentido de "igual" (CUNHA, 1986).

Santo Tomás define-a como "a relação do direito, quando sua aplicação no caso concreto resulta injusta pelo fato de que a lei é universal. De forma sintética, considera epiqueia a direção da lei, donde é defeituosa a causa de sua universalidade" (*Summa Theologiae*, II-II, q. 120).

Segundo Chiappetta (1996), por epiqueia se entende a norma subjetiva da consciência, que, com um juízo íntimo, se considera desobrigada à observância da lei em casos ou circunstâncias de particular dificuldade que trariam, se observadas, um alto custo ou prejuízo.

No comentário ao cânone 19 feito por Hortal, no *Código de Direito Canônico* (1987), encontra-se o conceito de epiqueia como:

> [...] o espírito de benignidade que deve informar tanto o legislador na elaboração da lei quanto o governante na sua aplicação. Não

é concebível que um bom governante pretenda aplicar sempre automaticamente a norma legal [...]. À equidade do superior corresponde, no súdito, a epiqueia, ou seja, a interpretação privada da lei, de acordo com esse espírito de benignidade. A epiqueia, porém, supõe o conhecimento da lei e a aceitação leal de sua autoridade; não pode, portanto, ser confundida, como às vezes acontece, com a ignorância ou a má vontade (p. 11).

A epiqueia tem grande importância nas normas humanas e puramente eclesiais; no entanto, não pode ser aplicada nas leis positivas ou chamadas naturais, como a indissolubilidade e unidade, que foram dadas pelo próprio Criador e, assim, são de direito divino. Isto é, se o matrimônio precedente de um dos fiéis divorciados que voltaram a se casar era válida, em nenhuma circunstância a nova união pode considerar regulares as normas evangélicas e eclesiais (RATZINGER, 1997, pp. 31-32).

O princípio da epiqueia deverá ser utilizado de forma eventual, oportuna e prudente ao afastamento da lei em si, para melhor cumprir o seu espírito. Não é a causa geral de descumprimento da lei, mas exceção. Faltando um de seus requisitos, ela está desconfigurada. No caso dos fiéis divorciados que voltaram a se casar, não se trata de uma exceção, ou mesmo eventualidade, mas de um princípio geral de indissolubilidade e unidade matrimonial.

Em se tratando de casais em segunda união que não possuem provas jurídicas e estão impossibilitados de recorrer a um Tribunal Eclesiástico, mas por motivos intrínsecos, por uma sincera razão, acompanhados pelo pároco e evitando escândalos, chegaram a uma motivada convicção de consciência de que o matrimônio precedente nunca tinha sido válido, mesmo que não seja possível a prova jurídica, é admissível que recebam o sacramento.

Esse ensinamento não exclui os processos matrimoniais, que examinarão objetivamente o problema e aplicarão todas as possibilidades jurídicas disponíveis. Porém, a Igreja como Mãe sabe que em algumas partes do mundo não existem, ou não funcionam bem, os Tribunais Eclesiásticos, e tem consciência de que nos processos matrimoniais podem ocorrer erros. Outras vezes, os processos se estendem e demoram de forma excessiva. Ou ainda que os fiéis podem ter em suas declarações ou juízos um parecer falso, formulado por um Tribunal. Assim, a Igreja, fiel à verdade, não se exclui, em princípio, diante dessa problemática canônica, à aplicação da epiqueia no foro interno. Contudo, a fim de evitar arbitrariedades e proteger o caráter público do matrimônio – subtraindo-o ao juízo subjetivo –, deveria clarear de modo mais preciso as condições para dar por certa uma exceção (RATZINGER, 1997, p. 32).

João Paulo II, no Discurso na Solene Inauguração do Ano Judiciário do Tribunal da Rota Romana, em 20 de janeiro de 2005, se refere a esse cuidado da Igreja dizendo:

> É neste horizonte que, hoje, gostaria de inserir algumas considerações acerca da dimensão moral da atividade dos agentes jurídicos nos Tribunais Eclesiásticos, sobretudo no que diz respeito ao dever de se adaptar à verdade sobre o matrimônio, da forma como ela é ensinada pela Igreja. Desde sempre se levantou a questão ética com especial intensidade em qualquer gênero de processo judiciário. Com efeito, os interesses individuais e coletivos podem induzir as partes a recorrer a vários tipos de falsidade e até mesmo de corrupção, com a finalidade de alcançar uma sentença favorável. Deste risco não estão imunes nem sequer os processos canônicos, em que se procura conhecer a verdade sobre a existência ou não de um matrimônio. A relevância indubitável de que isto se reveste para a consciência moral das partes torna menos provável a aquiescência a interesses alheios à busca da verdade. Não obstante, podem verificar-se casos em que se manifeste semelhante aquiescência, que compromete a regularidade do

percurso processual. A reação firme da norma canônica a tais comportamentos é bem conhecida (CDC, câns. 1389, 1391, 1457 e 1488-1489).

A Carta da Congregação para a Doutrina da Fé (1994, n. 9) se refere a esse ponto, quando discorre que, com novas vias canônicas, deveria excluir-se, na medida do possível, toda a divergência entre a verdade verificável no processo e a verdade objetiva. "Se for verdade que o homem deve atuar em conformidade com o juízo da sua própria consciência, é verdade também que o juízo da consciência não pode pretender estabelecer a lei, somente pode reconhecê-la e fazê-la própria" (JOÃO PAULO II, 1995, n. 1017).[6]

---

[6] Discurso de João Paulo II diante da Rota de Roma, em 10 de fevereiro de 1995. Citação não encontrada no site oficial do Vaticano, mas descrita no artigo de Marzuzzi (1997), p. 109, do livro *Sobre a atenção pastoral dos fiéis divorciados que voltaram a casar*, que traz a citação no rodapé: AAS 87 (1995) 1017.

Terminando nossa conversa

Os fatos históricos e as mudanças societárias e culturais influenciaram diretamente a estrutura e a dinâmica da vida familiar e foram influenciados por ela, desde as famílias primitivas até as contemporâneas.

Uma das grandes influências é a concepção ocidental contemporânea da fragmentação que gera a cultura da divisão, a qual interfere diretamente na unidade familiar, reduzindo a pessoa a ser individualizado. Concebe os papéis de pai, mãe e filhos como exclusivo produto da cultura e, ainda, valoriza e evidencia como saudável tudo quanto seja funcional, utilitário e gerador de lucro.

A cultura do lucro e do interesse, que constantemente permeia as relações familiares, tem características contrárias ao ideário de família, instituição natural criada por Deus, e através de abordagens científicas ou não a coisifica e refere-se a ela no plural, fazendo acreditar que não existe família no singular, mas famílias. Essa cultura ainda a considera uma instituição falida, do passado, e para quem tem os adequados instrumentos de poder essa situação oferece a terrível oportunidade e facilidade de manipular, explorar e dominar, eficazmente, o coração e a mente das pessoas. "Todo reino internamente dividido ficará destruído" (Mt 12,25).

Nesse contexto contemporâneo, João Paulo II expõe que muitas famílias, diante de tantas incertezas e dúvidas, vivem inseridas na cultura atual da fidelidade àqueles valores que constituem o fundamento do instituto familiar. Outras se tornam incertas e perdidas ante seus deveres, ou ainda mais duvidosas e quase esquecidas do significado último e da verdade da vida conjugal e familiar. E as demais, por fim, estão impedidas, por variadas situações de injustiça, de realizar os seus direitos fundamentais (FC, n. 1).

Contudo, independentemente da situação em que se encontra, a família, em vez de ser destruída e enfraquecida, renasce como uma "fênix" e se reorganiza, nos vários aspectos da sua realidade que o ambiente sociocultural vai alterando, consolidando-se como um lugar-espaço (a casa), célula da sociedade (como o organismo biológico), modelo (*pattern* simbólico) e relação social (como ação recíproca que implica intersubjetividade e conexões estruturais entre sujeitos).

Segundo Donati (2005), a família reage aos condicionamentos sociais e culturais e, ao mesmo tempo, adapta-se a eles, encontrando novas formas de estruturação que, de alguma maneira, a reconstituem, e continua a ser um espaço privilegiado de relação e socialização, de prática de tolerância e de lugar inicial para o exercício da cidadania, pois conserva um núcleo constante: a união estável de um homem e de uma mulher que se propõem a transmitir a vida a seus filhos.

Em outras palavras, a família é lugar privilegiado de relação comunitária, de plena reciprocidade e confiança entre os sexos e as gerações – mãe, pai e filhos –, que atua como sujeito social de cidadania (DONATI, 2002).

Pode-se afirmar que a relação nuclear (pai, mãe e filhos) nas estruturas, nos processos e nas funções é condição de existência para que seja família, e não outra coisa; é sua forma social específica, com características universais, mesmo que apresente essa relação nuclear com diversos modos na realidade social (processo de morfogênese).

O modelo nuclear de família tem uma história tão antiga quanto a Idade da Pedra e não é resultado de um avanço industrial, embora ocupasse lugar privilegiado na sociedade industrial capitalista, por colaborar e adaptar-se melhor às necessidades dessa realidade.

No ano de 2008, em escavações arqueológicas num cemitério da pré-história, em Eulau, na Alemanha, foram encontradas sepulturas neolíticas de 4.600 anos atrás, com restos mortais de adultos e crianças enterrados abraçados. Através de uma análise de DNA de quatro esqueletos achados na mesma tumba, os pesquisadores, coordenados por Wolfgang Haak, da Universidade de Adelaide, na Austrália, identificaram quatro corpos entrelaçados em um abraço como sendo de uma mãe, um pai e seus dois filhos biológicos. Essa descoberta consiste no mais antigo indício já encontrado da existência de famílias nucleares.[1]

O interessante é que, cada vez mais, se pode constatar que o modelo nuclear da família permanece na vida e no imaginário coletivo das pessoas, e predomina atualmente na sociedade brasileira. Convive ou mesmo mantém-se presente nas bases e ideais das diversas outras formas de configurações domésticas, como referência básica e idealizadora de lugar de harmonia, de amor e de dedicação.

Em cada período e abordagem, a família é uma realidade mutável na sua estrutura e nas formas de convivência, uma vez que enfrenta crises e conflitos, pois está inserida num mundo de transições e mudanças; entretanto, as características universais (modelo nuclear – mãe, pai e filhos) perpetuam-se.

Essas constatações empíricas fazem pensar no ideal de vida familiar que nós cristãos temos, a Sagrada Família: Jesus, Maria e José (modelo nuclear), apresentado como vivência plena

---

[1] Edição n. 2.090 da revista *Veja*, de 10 de dezembro de 2008; *Jornal da Ciência*, e-mail 3499, de 28 de abril de 2008, e outros meios de divulgação.

de família. Esse ideal não é um privilégio dos cristãos, mas condição natural de ser permanentemente família, não outra coisa. Contudo, tal modelo traz em si um constante e árduo desafio de ressignificar e superar o individualismo e o relativismo que geram o pluralismo e a fragmentação, próprios do nosso tempo contemporâneo.

O exemplo da Sagrada Família também está presente no desejo dos casais em segunda união, embora, sem dúvida alguma, seja mais desafiante e exigente do que nas famílias em primeira união, pois trazem na sua realidade a convivência com dois núcleos, o do matrimônio anterior e o da união atual. Existe uma dificuldade em estabelecer limites e vínculos, as identidades e os papéis dos membros da família em segunda união são confusos, incertos e ambíguos, até mesmo pela falta de nomenclatura (padrastos ou madrastas, tios[as], namorado[a] da mãe ou do pai, filho[a] ou enteada[o] e outros).

Os membros da família em segunda união buscam, numa árdua tarefa de conquistas e derrotas, estabelecer a forma de organização doméstica nuclear, que, muitas vezes, não será possível alcançar, por causa da própria condição em que se encontram – envolvidos em dois núcleos familiares. Mesmo assim, procuram e se empenham em estabelecer, na medida do possível, o ideal de uma família formada por um pai, uma mãe e seus filhos. Essa atitude demonstra o desejo, o amor, a valorização e o reconhecimento que eles têm em relação à família natural.

A Pastoral Familiar: Casais em Segunda União é o lugar mais adequado para que tais casais possam se aproximar do modelo mais parecido com Jesus, Maria e José. Nessa Pastoral está o meio mais propício para que o consigam, segundo a *Familiaris Consortio*, n. 84: ouvir, ler e propagar com solicitude evangélica a Palavra de Deus, da verdade e da misericórdia; tomar parte no sacrifício da missa, fazendo sua comunhão espiritual no exercício de não reduzi-la à comunhão eucarística; e, ainda, perseverar na oração, de modo particular na adoração eucarística, estreitando os vínculos com Jesus Cristo Eucarístico, e, pela oração do terço em família, manifestando a devoção à Virgem Maria.

Os casais em segunda união, a exemplo do Cristo Servidor, poderão, através da Pastoral Familiar, se empenhar e incrementar obras de caridade na ajuda aos casais em conflito, no auxílio aos mais pobres, dando testemunho de obediência e amor a Deus e à Igreja; podem, assim, colaborar em todas as iniciativas da comunidade em favor da justiça, exercendo os princípios da família cidadã (FC, n. 84). Com tal fraternidade, terão oportunidade de estar juntos e, nas trocas de experiências e orientações humanas e espirituais, receber orientações e subsídios para educarem os filhos na fé cristã.

Pelas reuniões e convivências na Pastoral Familiar, conhecerão também, mais e melhor, a doutrina da unidade e indissolubilidade matrimoniais e, na obediência a esses princípios, a certeza da infinita misericórdia de Deus, propondo-se a cultivar o espírito e as obras de penitência, para assim implorar, dia a dia, a graça divina para viverem o espírito da Sagrada Família.

Enfim, com seus sofrimentos e esperanças, poderão encontrar alento na Igreja, que é Mãe misericordiosa, para serem sustentados na fé e na esperança e, ainda, pela graça batismal, buscarem, dia e noite, viver o ideal da família a serviço da comunidade.

Aos bispos, padres e agentes de pastoral cabe acolher, discernir, integrar e rezar por eles, encorajá-los, promover esclarecimentos e ensinamentos oficiais da Igreja Mãe e Mestra, com sensatez e conhecimento adequado e objetivo sobre a realidade de segunda união.

A toda a Pastoral Familiar permanece o grande desafio: formar agentes qualificados; ajudar na formação dos noivos; acolher e ajudar toda e qualquer realidade de família, principalmente aquelas afastadas da vida comunitária; unir esforços para que sejam santuário de vida, apontando caminhos e soluções para superar crises e conflitos; incentivar o crescimento da sua espiritualidade; despertá-las para seu papel educador e missionário; promover a sua participação nos tempos litúrgicos e, por fim, colaborar com os movimentos, institutos e serviços familiares.

Este livro não encerra as questões sobre a segunda união, nem é a última palavra, mas um subsídio para desafiar diálogos e ser uma contribuição à Pastoral Familiar: Casais Católicos em Segunda União, no seu trabalho de defender a vida e a família, na construção de um mundo justo e solidário, que implanta o Reino de Deus.

Termino esse livro com as preciosas palavras do sábio Papa Emérito Bento XVI, no anúncio de *Habemus Papam*, no início do seu pontificado (19 de abril de 2005):

> Queridos irmãos e irmãs! Depois do grande Papa João Paulo II, os senhores cardeais elegeram a mim, um simples, humilde trabalhador na vinha do Senhor. Consola-me o fato de que o Senhor sabe trabalhar e atuar com instrumentos insuficientes e, sobretudo, confio em vossas orações. Na alegria do Senhor ressuscitado, confiados em sua ajuda permanente, sigamos adiante. O Senhor nos ajudará. Maria, sua Santíssima Mãe, está do nosso lado. Obrigado.

Referências bibliográficas

ALBERICO, G. *História dos concílios ecumênicos*. São Paulo: Paulus, 1995.

ALMANAQUE Abril. História do Brasil, 1999. 1 CD-ROM.

ALMEIDA, M. C. Novos contextos das Ciências Sociais. *Cronos*: revista do Programa de Pós-Graduação em Ciências Sociais da Universidade Federal do Rio Grande do Norte, Natal, v. 5-6, n. 1/2, pp.11-22, jan./ dez. 2004/2005.

ANSHEN, R. N. *La famiglia, la sua funzione e il suo destino*. Milano: Bompiani, 1974.

ARCHET, M. *La morfogenesi della società*. Milano: FrancoAngeli, 1997.

ARENDT, H. *A condição humana*. Tradução de Roberto Raposo. Rio de Janeiro: Forense Universitária, 1997.

ARIÈS, P. *História social da criança e da família*. Rio de Janeiro: LTC, 1981.

ASKHAM, J. *Identity and stability in marriage*. Cambridge: University Press Cambridge, 1984.

ÁVILA, E. A. C. "Amar, verbo intransitivo"; o retrato literário de uma sociedade de aparências. In: ENCONTRO MEMORIAL DO ICHS, 2004, Mariana. *Anais...* Mariana: ICHS/UFOP, 2004.

BARBER, B. L.; LYONS, J. M. Family processes and adolescent adjustment in intact and remarriage families. *Journal of Youth and Adolescent*, New York, v. 23, pp. 421-436, 1994.

BARBOSA, R. H. S. *Mulheres, reprodução e Aids*; as tramas da ideologia na assistência à saúde de gestantes HIV+. 2001. 310f. Tese (Doutorado em Saúde Pública) – Fundação Oswaldo Cruz, Escola Nacional de Saúde Pública, São Paulo, 2001.

BARTMANN, B. *Teologia Dogmática*; sacramentos e escatologia. São Paulo: Paulus, 1964.

BENTO XVI (Papa). SACRAMENTUM CARITATIS. Disponível em: <http://www.vatican.va/holy_father/benedict_xvi/apost_exhortations/documents/hf_ben-xvi_exh_20070222_sacramentum-caritatis_po.html2007>. Acesso em: 21 mar. 2009.

BERQUÓ, E. Arranjos familiares no Brasil; uma visão demográfica: In: SCHUVARAG, L. M. (Org.). *Contrastes da intimidade contemporânea*. São Paulo: Companhia das Letras, 1998. (História da vida privada no Brasil, v. 4.)

_____. País não precisa de política de planejamento familiar. *Folha de S.Paulo*, São Paulo, 26 jan. 2004. Caderno A, p. 14.

BETTENCOURT, E. *Curso sobre os sacramentos*. Rio de Janeiro: Lumem Christi, 2002.

BÍBLIA DE JERUSALÉM. São Paulo: Paulus, 1985.

BILAC, E. D. Convergências e divergências nas estruturas familiares no Brasil. *Ciências Sociais Hoje*, São Paulo, pp. 70-93, 1991.

BOTT, E. *Família e rede social*. Rio de Janeiro: Francisco Alves, 1976.

BRUSCHINI, C. Trabalho feminino; trajetória de um tema, perspectivas para o futuro. *Estudos Feministas*, Rio de Janeiro: CIEC/ECO/UFRJ, v. 2, n. 3, pp. 17-32, 1994.

CABRAL, A. As famílias no período anterior à civilização. *Revista dos Estudantes da Faculdade de Direito da UFC*, Fortaleza, v. 1, n. 4, nov./jan. 2007/2008. Disponível em: <http://www.cacbufc.org.br/ conteudo.zu?acao=ver&id=88>. Acesso em: 1 jun. 2008.

CALDANA, R. H. L. *Ser criança no início do século*; alguns retratos e suas lições. 1998. 221f. Tese (Doutorado em Educação) – Centro de Educação e Ciências Humanas, Universidade Federal de São Carlos, São Carlos, 1998.

CAMPANINI, G. Família ampliada. In: PONTIFÍCIO CONSELHO PARA A FAMÍLIA. *Lexicon*. São Paulo: Salesianas, 2002.

CÂNDIDO, A. The Brazilian family. In: SMITH, T. L.; MARCHANT, A. B. *Portrait of Half a Continent*. New York: The Dryden Press, 1951.

CADORET, Anne. *Des parents comme les autres*; homosexulité et parenté. Paris: Odile Jacob, 2002.

CARTER, B.; MC GOLDRICK, M. *As mudanças no ciclo de vida familiar*; uma estrutura para a terapia familiar. Porto Alegre: Artes Médicas, 1995.

CARVALHO, I. M.; ALMEIDA, P. H. Família e proteção social. *São Paulo em Perspectiva*, São Paulo, v. 17 n. 2, abr./jun. 2003. Disponível em: <http://www.scielo.br/scielo.php?pid=S0102-88392003000200012 &script=sci_arttext&tlng=en>. Acesso em: 11 dez. 2007.

CASETTI, F.; FANCHI, M. Media e pluralità familiare. Il contributo della comunicazione televisiva alla rappresentazione sociale della pluralità familiare. In: DONATI, P. *Identità e varietà dell'essere famiglia*; il fenomeno della "pluralizzazione". Settimo Rapporto Cisf sulla famiglia in Italia. Cinisello Balsamo: San Paolo, 2001.

CASTEL, R. *As metamorfoses da questão social*; uma crônica do salário. Petrópolis: Vozes, 1998.

CASTELLS, M. et al. *Novas perspectivas críticas em educação*. Porto Alegre: Artes Médicas, 1996.

CATECISMO da Igreja Católica. São Paulo: Loyola, 1993.

CHIAPPETTA L. *Il Codice di Diritto Canônico*; commento giuridico pastorale. Roma, 1996. v. II.

CICCHELLI-PUGEAULT, C.; CICCHELLI, V. *Les théories sociologiques de la famille*. Paris: La Découverte, 1998.

CÓDIGO de Direito Canônico. São Paulo: Loyola, 1987.

COMISSÃO EPISCOPAL Pastoral para a Vida e a Família. *Guia de orientação para o setor casos especiais da Pastoral Familiar*. Brasília: CNBB, 2004.

COMPÊNDIO VATICANO II. Constituições, Decretos e Declarações. Petrópolis: Vozes, 1984.

CNBB. *Diretório da Pastoral Familiar*. São Paulo: Paulinas, 2008. (Documentos da CNBB, 79.)

_____. *Ritual do Batismo de Criança*. São Paulo: Paulinas, 2005.

_____. Leitura sociopastoral da Igreja no Brasil (1960-2000). Encarte *Conjuntura Social e Documentação Eclesial*, n. 641, Brasília: CNBB, 2002.

_____. *A família como vai?* Texto-base da Campanha da Fraternidade de 1994. São Paulo: Paulinas, 1992.

_____. *Diretrizes 1991-1994*; caminhada, desafios, propostas. Estudos da CNBB, n. 64, 1992.

_____. *Diretrizes Gerais da Ação Pastoral da Igreja no Brasil – 1991-1994*. São Paulo: Paulinas, 1991. (Documentos da CNBB, 45.)

_____. *Matrimônio e família no mundo contemporâneo*, 1980.

_____. *Valores básicos da vida e da família*. São Paulo: Paulinas, 1980. (Documentos da CNBB, 18.)

_____. *Orientações pastorais sobre o matrimônio*. São Paulo, Paulinas, 1978. (Documentos da CNBB, 12.)

_____. *Famílias incompletas*, 1976.

_____. *A família*; mudança e caminhos. Estudos da CNBB, n. 7. São Paulo: Paulinas, 1974.

_____. *Em favor da família*. São Paulo: Paulinas, 1974. (Documentos da CNBB, 3.)

CONSELHO PONTIFÍCIO PARA A FAMÍLIA. *Lexicon*; termos ambíguos e discutidos sobre família, vida e questões éticas. 2007.

COSTA, D. I. P.; TEIXEIRA, P. E. As outras faces da família brasileira. *Revista Brasileira de Estudos Populacionais*, Campinas, v. 21, n. 2, pp. 349-351, jul./dez. 2004.

COSTA, J. F. *Ordem médica e norma familiar*. Rio de Janeiro: Graal, 1999.

COSTA, L. F.; PENSO, M. A.; FERES-CARNEIRO, T. Reorganizações familiares; as possibilidades de saúde a partir da separação conjugal. *Psicologia: Teoria e Pesquisa*, Brasília, v. 8, Suplemento, pp. 495-503, 1992.

CUNHA, A. G. *Dicionário Etimológico Nova Fronteira da Língua Portuguesa.* 2. ed. Rio de Janeiro: Nova Fronteira, 1986.

DIAS, M. L. *Divórcio e família*; a emergência da terapia familiar no Brasil. Tese de doutorado. Faculdade de Filosofia, Ciências e Letras da Universidade de São Paulo, São Paulo, 1999.

DIRETTORIO PASTORALE FAMILIARE. Disponível em: <http://www.chiesacattolica.it/pls/cci_new/bd_Edit_doc.edit_bollettino_new?b_id=277>. Acesso em: 18 fev. 2009.

DOCUMENTO DE APARECIDA. Texto conclusivo da V Conferência Geral do Episcopado Latino-Americano e do Caribe. São Paulo: Paulus, 2008.

DONATI, P. L'approccio relazionale al Capitale Sociale. *Sociologia e Politiche Sociali*, v. 10, n. 1, pp. 9-39, 2007a.

_____. *Ri-conoscere la famiglia*; quale valore aggiunto per la persona e la società? Cinisello Balsamo: San Paolo, 2007b.

_____. *Manuale di sociologia della famiglia*. Roma-Bari: Laterza, 2005.

_____. La famiglia come capitale sociale primário. In: *Famiglia e capitale sociale nella società italiana*. Cinisello Balsamo: San Paolo, 2003a. pp. 31-101.

_____. *Sociologia delle politiche familiari*. Roma: Carocci, 2003b.

_____. *La cittadinanza societaria*. Roma-Bari: Laterza, 2002.

_____. Famiglia e pluralizzazione degli stili di vita: distinguere tra relazioni familiari e altre relazioni primarie. In: *Identità e varietà dell'essere famiglia*; il fenomeno della "pluralizzazione". Settimo Rapporto Cisf sulla famiglia in Italia. Cinisello Balsamo: San Paolo, 2001. pp. 37-119.

_____. *Gratuità, dono e relazione sociale*. Le ragioni profonde del volontariato e perché la società fatica a comprenderle, 2000.

DURHAM, E. R. As pesquisas antropológicas com populações urbanas; problemas e perspectivas. In: CARDOSO, R. C. L. (Org.). *A aventura antropológica*. Rio de Janeiro: Paz e Terra, 1986.

_____. Texto II. In: ARANTES, A. A. (Org.). *Produzindo o passado*. São Paulo: Brasiliense, 1984.

_____. Família e reprodução humana. In: DURHAM, E. R. et al. *Perspectivas antropológicas da mulher*. v. 3. Rio de Janeiro: Zahar, 1983.

_____. A família operária: consciência e ideologia. Dados. *Revista de Ciências Sociais*, Rio de Janeiro, v. 23, n. 2, pp. 201-213, 1980.

DURHAM, E. R.; CARDOSO, R. C. L. A elaboração cultural e a participação social nas populações de baixa renda. In: *Ciência e Cultura*, v. 29, n. 2, pp. 171-177, 1977.

ENGELS, F. A origem da família, da propriedade privada e do Estado. 10. ed. Rio de Janeiro: Bertrand Brasil, 1995.

FERRARI, S. La pluralità dei matrimoni dal punto di vista religioso (cristianesimo, ebraismo, islam). In: DONATI, P. *Identità e varietà dell'essere famiglia*; il fenomeno della "pluralizzazione". Settimo Rapporto Cisf sulla famiglia in Italia. Cinisello Balsamo: Edizioni San Paolo, 2001.

FLORES, A. L. G. T.; AMORIN, V. C. O. Sexualidade na gestação; mitos e tabus. *Revista Científica de Psicologia*, Maceió, v. 1, n. 1, jul./dez. 2007. Disponível em: <http://www.pesquisapsicologica.pro.br/ pub01/andrea.htm>. Acesso em: 4 fev. 2008.

FRANCSICO (Papa), Exortação Pós Sinodal *Amoris Laetitia*. São Paulo: Paulinas. 2016.

FREYRE, G. *Casa-grande & senzala*. 48. ed. São Paulo: Global, 2003.

GIDDENS, A. Entrevista. Entrevistadores: José Maurício Domingues, Mônica Herz e Cláudia Rezende. *Estudos Históricos*, Rio de Janeiro, v. 8, n. 16, 1992. Disponível em: <http://www.cpdoc.fgv.br/revista/arq/179.pdf>. Acesso em: 12 nov. 2007.

_____. *A transformação da intimidade*; amor e erotismo nas sociedades modernas. São Paulo: Unesp, 1995.

GLASS JR., J. C.; HUNEYCUTT, T. L. Grandparent's parenting grandchildren: extent of situation, issues involved, and educational implications. *Educational Gerontology*, v. 28, pp. 139-161, 2002.

GOLDENBERG, M. Dois é par; uma referência fundamental nos estudos de gênero e conjugalidade nas camadas médias urbanas brasileiras. *Physis*: revista de saúde coletiva, Rio de Janeiro, v. 15, n. 2, pp. 359-363, 2005.

GOODMAN, Catherine; SILVERSTEIN, Merril. Grandmothers raising grandchildren; family structure and well-being in culturally diverse families. *The Gerontologist*, v. 42, n. 5, pp. 676-689, out. 2002.

GOUVEIA, V. V. et al. Dimensões normativas do individualismo e coletivismo; é suficiente a dicotomia pessoal vs. social? *Psicologia: Reflexão e Crítica*, Porto Alegre, v. 16, n. 2, pp. 223-234, 2003.

GRINGS, D. *A Igreja de Cristo*. Porto Alegre: PUCRS, 1997.

_____. *O mistério do matrimônio*. São João da Boa Vista, 1992.

GUIMARÃES, A. R. *Quando o sol desaparece*. 2. ed. Petrópolis: Vozes, 1994.

HÄRING, B. *Existe saída?* Para uma pastoral dos divorciados. São Paulo: Loyola, 1990.

HELLER, A. Uma crise global da civilização; os desafios futuros. In: SANTOS, (Org.). *A crise dos paradigmas em Ciências Sociais e os desafios para século XXI*. Rio de Janeiro: Contraponto, 1999.

HETHERINGTON, E. M.; KELLY, J. *For better or for worse*; divorce reconsidered. New York: W. W. Norton/Company, 2003.

HETHERINGTON, E. M.; COX, M.; COX, R. Effects of divorce on parents and children. In: M. E. LAMB (Org.). *Nontraditional families*. Parenting and child development. Hillsdale: Lawrence Erlbaum, 1982. pp. 233-287.

HITA, M. G. A família em Parsons; pontos, contrapontos e modelos alternativos. *Revista Anthropológicas*, Recife, v. 16, n. 1, pp. 109-148, 2005.

HORKHEIMER, M. et al. *Studi sull'autorità e la famiglia*. Torino: Utet, 1974.

INSTITUTO BRASILEIRO DE GEOGRAFIA ESTATÍSTICA. Pesquisa Nacional por Amostra de Domicílios (PNAD). Disponível em: <http://www.ibge.gov.br/home>. Acesso em: 2007/2008.

JABLONSK, B. Papéis conjugais: conflitos e transição. In: CARNEIRO, T. F. (Org.). *Relação amorosa, casamento, separação e terapia de casal*. Rio de Janeiro: ANPEPP, 1986.

JOÃO PAULO II (Papa). Carta Encíclica *Veritatis Splendor*. São Paulo: Paulinas, 1993.

_____. Exortação Apostólica *Pastores Dabo Vobis*. São Paulo: Paulinas, 1992.

_____. Exortação Apostólica *Familiaris Consortio*. São Paulo: Paulinas, 1990.

JOÃO XXIII (Papa). Carta Encíclica *Mater et Magistra*. São Paulo: Paulinas, 1971.

JOSÉ FILHO, M. *A família como espaço privilegiado para a construção da cidadania*. Franca: UNESP-FHDSS. 2002. 158p. (Dissertações e Tese, n. 5.)

KELLER H.; ZACH, U. Gender and birth order as determinants of parental behaviour. *International Journal of Behavioral Development*, London, GB, v. 20, n. 2, pp. 177-184, 2002.

LÉVI-STRAUSS, C. A família. In: SHAPIRO, H. L. *Homem e sociedade*. Rio de Janeiro: Fundo de Cultura, 1969.

MACHADO, J. *A vida em família na antiguidade clássica*. Disponível em: <http://www.planetaeducacao.com.br/novo/artigo.asp?artigo=405>. Acesso em: 23 mar. 2008.

MALDONADO, M. T. *Casamento: término e reconstrução*. 6. ed. rev. e ampl. São Paulo: Perspectiva, 1995.

MARQUEZAN, R. Enfoque psicopedagógico na relação família e escola. *Revista Educação Especial*, Santa Maria, v. 1, n. 28, 2006. Disponível em: <http://coralx.ufsm.br/revce/ceesp/2006/02/a9.htm>. Acesso em: 23 nov. 2007.

MASSINI, M. Memória e história na história da psicologia; dois exemplos de produção de documentos. *Memorandum*, Belo Horizonte, v. 2, pp. 2-12, 2002. Disponível em: <http://www.fafich.ufmg.br/~memorandum/artigos02/massimi02.htm>. Acesso em: 3 mar. 2008.

MINKLER, Meredith; FULLER-THOMPON, Esme. The health of grandparents raising grandchildren; results of a national study. *American Journal of Public Health*, v. 89, n. 9, pp. 1384-1389, sept. 1999.

MONTGOMERY, J.; FEWER, W. *Family Systems and Beyond*. New York: Human Sciences Press, 1988.

MURARO, R. M. *A mulher no terceiro milênio*; uma história da mulher através dos tempos e suas perspectivas para o futuro. 4. ed. Rio de Janeiro: Record, 1997.

MURDOCK, G. P. The universality of the nuclear family. In: BELL, N. W.; VO-GEL, E. F. (Ed.). *A modern introduction to the family*. New York: Free Press, 1968.

NARVAZ, M.; KOLLER, S. H. Famílias, gêneros e violências; desvelando as tramas da transmissão transgeracional da violência de gênero. In: STREY, M.; AZAMBUJA. M. P. R.; JAEGER F. P. (Org.). *Violência, gênero e políticas públicas*. Porto Alegre, 2004. (Gênero e contemporaneidade, v. 2.)

NICOLACI-DA-COSTA, A. M. Mal-estar na família; descontinuidade e conflito entre sistemas simbólicos. In: FIGUEIRA, S. A. (Org.). *Cultura da psicanálise*. São Paulo: Brasiliense, 1985.

NOVO DICIONÁRIO AURÉLIO da Língua Portuguesa. Rio de Janeiro: Nova Fronteira, 1986.

OSÓRIO, L. C. A família como grupo primordial. In: ZIMERMANN, D. E.; OSÓRIO, L. C. *Como trabalhamos com grupos*. Porto Alegre: Artes Médicas, 1997.

_____. *Família hoje*. Porto Alegre: Artes Médicas, 1996.

PAULO VI (Papa). Carta Encíclica *Humanae Vitae*. São Paulo: Paulinas, 2007.

_____. Exortação Apostólica *Evangelii Nuntiandi*. São Paulo: Paulinas, 2008.

PIO XI (Papa). Carta Encíclica *Casti Connubi*. Disponível em: <http://www.godsplanforlife.org/O%20Plano%20de%20Deus%20para%20a%20Vida/Encyclicals/Casti%20Connubii.htm>. Acesso em: 25 mar. 2009.

POITTEVIN, A. *Enfants de familles recomposées*; sociologie des nouveaux liens fraternels. Rennes: Presses Universitaires de Rennes, 2006.

PORRECA, W. Modificações na estrutura e na função da família contemporânea. In: JOSÉ FILHO, M.; DALBÉRIO, O. *Família: conjuntura, organização e desenvolvimento*. Franca: Ed. UNESP/ FHDSS, 2007.

_____. *Famílias recompostas*; casais católicos em segunda união. 2004. 124f. Dissertação (Mestrado em Psicologia) – Faculdade de Filosofia, Ciências e Letras de Ribeirão Preto, Universidade de São Paulo, Ribeirão Preto, 2004.

PRANDINI, R. La famiglia italiana tra processi di in-distizione e di-distinzione relaciónale; perchè osservare. La famiglia come relazione sociale "fa la differenza". In: DONATI, P.; COLOZZI, I. *Il paradigma relazionale nelle scienze sociale*; le prospective sociologiche. Bologna: Mulino, 2006a.

_____. Capitale sociale familiare e socialità; un'indagine sulla popolazione italiana. In: DONATI, P. *Famiglia e capitale sociale nella società italiana*; ottavo rapporto sulla famiglia in Italia. Cinisello Balsamo: San Paolo, 2003.

REICH, W. *Psicologia de massas do fascismo*. São Paulo: Martins Fontes, 1998.

_____. *A revolução sexual*. São Paulo: Círculo do Livro, 1966.

REIS, J. R. T. Família, emoção e ideologia. In: LANE, S.; CODO, W. *Psicologia social*; o homem em movimento. São Paulo: Brasiliense, 1985.

RIBEIRO, I. *Sobre a infidelidade dos fiéis*; família, subjetividade e imaginário entre agentes da pastoral católica. 1997. Tese (Doutorado em Sociologia) – Faculdade de Filosofia, Letras e Ciências Humanas, Universidade de São Paulo, São Paulo, 1997. 2 v.

ROMANELLI, G. Paternidade em famílias de camadas médias. *Estudos e Pesquisas em Psicologia*, Rio de Janeiro, v. 2, pp. 79-95, 2004.

_____. Questões teóricas e metodológicas nas pesquisas sobre família e escola. In: ZAGO, N.; CARVALHO, M. P. de; VILELA, R. A. T. *Itinerários de pesquisa*; perspectivas qualitativas em sociologia da educação. Rio de Janeiro: DP e A, 2003.

_____. A entrevista antropológica; troca e alteridade. In: ROMANELLI, G.; ALVES, Z. M. M. B. (Org.). *Diálogos metodológicos sobre a prática da pesquisa*. Ribeirão Preto: Legis Summa, 1999.

_____. O relacionamento entre pais e filhos em famílias de camadas médias. *Paideia*, Ribeirão Preto, v. 8, n. 14/15, pp. 123-136, fev./ago. 1998.

_____. Autoridade e poder na família. In: CARVALHO, M. C. B. (Org.). *A família contemporânea em debate*. São Paulo: Educ/Cortez, 1995a.

_____. O significado da educação superior para duas gerações de famílias de camadas médias. *Revista Brasileira de Estudos Pedagógicos*, Brasília, v. 76, n. 184, pp. 445-476, set./dez. 1995b.

_____. Mudança e transição em famílias de camadas médias.*Travessia*, São Paulo, v. 4, n. 9, pp. 32-34, jan./abr. 1991.

_____. *Famílias de camadas médias*; a trajetória da modernidade. 1986. 343 f. Tese (Doutorado em Antropologia) – Faculdade de Filosofia, Letras e Ciências Humanas, Universidade de São Paulo, São Paulo, 1986.

ROMAN, E. N. *Nulidade matrimonial*. São Paulo: Paulus, 1999.

ROULAND, N. *Nos confins do direito*; antropologia jurídica da modernidade. Tradução de Maria Ermantina de Almeida Prado Galvão. São Paulo: Martins Fontes, 2003.

RUSSO, J. A. Difusão da psicanálise nos anos 70; indicações para uma análise. In: RIBEIRO, I. (Org.). *Família e valores*. São Paulo: Loyola, 1987.

SALEN, T. O casal igualitário; princípios e impasses. *Revista Brasileira de Ciências Sociais*, São Paulo, v. 3, n. 9, pp. 24-37, fev. 1989.

_____. *O velho e o novo*; um estudo de papéis e conflitos familiares. Petrópolis: Vozes, 1980.

_____. *Entrevistando famílias*; notas sobre o trabalho de campo. In: NUNES, E. (Org). A aventura sociológica. Rio de Janeiro: Zahar, 1978.

SAMPEL, E. L. *Quando é possível decretar a nulidade de um matrimônio*; perguntas e respostas sobre o direito canônico. São Paulo: Paulus, 1998.

SANTOS, S. M. A. Infância e velhice; o convívio que nos abre caminhos. In: GUSMÃO, N. M. M. (Org.). *Infância e velhice*; pesquisa de ideias. Campinas: Alínea, 2003. pp. 47-56, cap. 3.

SARTI, C. A. Família e jovens no horizonte das ações. *Revista Brasileira de Educação*, São Paulo, n. 11, pp. 99-109, maio/ago. 1999.

SCABINI, E. *L'organizazione familia tra crisi e sviluppo*. Milano: FrancoAngeli, 1985.

SCAMPINI, L. *Os divorciados recasados na comunidade cristã*; para uma pastoral da misericórdia. 93f. Dissertação (Mestrado em Teologia Moral) – Academia Afonciana, Roma, 1994.

SCHELSKY, H. *Sociologia da sexualidade*. Rio de Janeiro: Paz e Terra, 1968.

SMITH, R. T. The matrifocal family. In: GODOY, J. *The character of kinship.* New York: Cambridge University Press, 1973.

SOUZA, R. M. Depois que papai e mamãe se separaram; um relato dos filhos. *Psicologia: teoria e pesquisa*, Brasília, v. 16, n. 3, pp. 203-211, set./dez. 2000.

SOUZA, R. M.; RAMIRES, V. R. *Amor, casamento, família, divórcio... e depois, segundo as crianças.* São Paulo: Summus, 2006.

STEPHENS, Willian. La familia en una perspectiva transcultural. In: NIETO, Jose Antonio. *Antropología de la sexualidad y diversidad cultural.* Madrid: Talasa, 2003. pp. 93-117.

TERUYA, M. T. A família na historiografia brasileira; bases e perspectivas teóricas. In: ENCONTRO NACIONAL DE ESTUDOS POPULACIONAIS, 12, 2000, Caxambu. *Anais...* Caxambu: Abep, 2000.

TEYBER, E. *Ajudando as crianças a conviver com o divórcio.* São Paulo: Nobel, 1995.

UZIEL, A. P. *"Tal pai, tal filho" em tempos de pluriparentalidade.* Expressão fora de lugar? Trabalho apresentado no XXIV Encontro Nacional da ANPOCS – GT família e sociedade. Petrópolis, 2000.

VITALE, M. A. F. (Org.). *Família: redes, laços e políticas públicas.* 2. ed. São Paulo: Cortez/Instituto de Estudos Especiais – PUC/SP, 2005.

WAGNER, A; SARRIERA, J. C. Características do relacionamento dos adolescentes em famílias originais e reconstituídas. In: FERES-CARNEIRO, Terezinha (Org.). *Casal e família*; entre a tradição e a transformação. Rio de Janeiro: Nau, 1999. pp. 15-30.

WAGNER, A., FALCKE, D.; MEZA, E. B. D. Crenças e valores dos adolescentes acerca de família, casamento, separação e projetos de vida. *Psicologia: reflexão crítica*, v. 10, n. 1, Porto Alegre, 1997. Disponível em: <http://www.scielo.br/scielo.php?script=sci_arttext&pid=S0102-79721997000100011&lng=pt&nrm=>.

WALSH, F. *Stili di funzionamento familiare.* Milano: Angeli, 1986.

Impresso na gráfica da
Pia Sociedade Filhas de São Paulo
Via Raposo Tavares, km 19,145
05577-300 - São Paulo, SP - Brasil - 2018